人才战略

CEO 如何排兵布阵赢在终局

王 成 / 著

TALENT
STRATEGY

机械工业出版社
CHINA MACHINE PRESS

图书在版编目（CIP）数据

人才战略：CEO 如何排兵布阵赢在终局 / 王成著 . —北京：机械工业出版社，2020.5（2025.1 重印）

ISBN 978-7-111-65468-1

I. 人… II. 王… III. 企业管理 - 人才管理 - 研究 IV. F272.92

中国版本图书馆 CIP 数据核字（2020）第 072067 号

企业处于 VUCA 的动荡时代、ABCD 的科技时代，面对的人才争夺战日益激烈，这要求企业的 CEO 精通人才战略和人才管理。本书正是一本写给 CEO 看的关于构建与实施人才战略的书。本书分为四个模块，共计八章，提出了包含终局思维、差异思维、体系思维、生态思维的人才战略 4M 模型，还阐述了一些公司的实践案例，为 CEO 提供了大量关于人才战略的新理念和方法论。

人才战略：CEO 如何排兵布阵赢在终局

出版发行：机械工业出版社（北京市西城区百万庄大街 22 号 邮政编码：100037）
责任编辑：孟宪勐
责任校对：李秋荣
印　　刷：北京联兴盛业印刷股份有限公司
版　　次：2025 年 1 月第 1 版第 11 次印刷
开　　本：147mm×210mm　1/32
印　　张：8.5
书　　号：ISBN 978-7-111-65468-1
定　　价：89.00 元

客服电话：(010) 88361066　68326294

版权所有 • 侵权必究
封底无防伪标均为盗版

谨以本书献给我的太太静姿

宝贝女儿 Emma 和 Suri

我一生的人才战略就是她们三位

Talent Strategy | 作者简介

王成 凯洛格咨询集团（KeyLogic）董事长、华成战投董事长、一点AI云学习平台董事长。

他是哈佛商学院校友、知名战略专家和人才管理专家；柳工股份董事会提名委员会主任，曾任华为公司全球学习委员会专家委员。

拥有近20年的战略咨询和培训经验，服务客户包括华为、平安、碧桂园、小米、东风日产、蒙牛、宁波银行、顾家家居等近千家优秀企业。

他在管理领域不断耕耘，早在2003年就出版个人专著《全面客户体验》，2014年出版专著《战略罗盘》，并持续在《哈佛商业评论》上发表专业文章。他是一位"三边人"：边自我创业，边咨询讲学，边研究著书。

他热衷于社区建设，曾参与筹办"友成企业家扶贫基金会"。

赞誉 Talent Strategy

（排名不分先后）

未来时代，技术的突飞猛进、世界的剧烈震荡将给组织带来前所未有的挑战。企业要持续生存和发展，更需要敢于、善于创新、创造的人才！王成从战略出发，提出了人才战略的终局思维、差异思维、体系思维和生态思维，一定会引发组织对人才问题的新思考和新布局，同时给企业的领导者带来重要启示！

——陈玮，北京大学汇丰商学院管理实践教授、创新创业中心主任

王成用他的研究为 CEO 提供了从企业战略至人才战略的视角，为 HR 提供了一个从人才战略至企业战略的连接。最可贵的是，书中有大量中国成功企业的案例，非常接地气，希望更多的读者从中找到清晰的指引。

——王淑红，诺和诺德中国首席人才官

王成老师在《人才战略》一书中保持了他一贯贴近企业业

务实战的研究风格，将本书的论述重心放在了"战略引领、人才驱动"上，确保人才战略与公司战略的匹配度和一致性。对于 CEO 和 CHO 来说，这本书非常值得一读。

——周立平，强生中国制药与研发业务人力资源负责人

无论是布阵点将，还是点将布阵，都要解决好做事和用人这两个关键问题。《人才战略》一书从"战略引领、人才驱动"的独特视角，通过理论和实际的总结分析，很好地破解了企业经营管理实践中战略与人才、做事与用人如何有机融合的难题。

——郭元析，中国建设银行建行大学执行副校长

"战略引领、人才驱动"一直是万华集团的经营原则。王成先生的《人才战略》将战略管理和人才管理有机统合在一起，四大思维前瞻独到，方法论也很丰富，对我们很有启发，值得企业管理者学习。

——赵继德，万华集团高级人力资源总监

市面上关于人力资源的书很多，关于人才战略的书却很少，这个关键领域似乎被大家遗忘了。在变革转型的新时代，《人才战略》一书恰逢其时，CEO 与 CHO 统一语言、同频共振，将是转型中企业的一大幸事。不夸张地说，此书将人才管理提上了一个新高度。

——王海阳，一汽集团培训处处长

| 推荐序一 | Talent Strategy

扎硬寨，打呆仗，成就他人

卢伟冰

小米集团中国区总裁

我与王成有许多交集，我俩是中欧全球CEO班同学，我读过几遍他写的《战略罗盘》，请他做过战略咨询，他也来小米为公司高管讲过战略课程，颇受好评。我戏称他为"中国战略第一风水先生"，调侃他"谁家战略出了问题，拿着罗盘转一转就可以了"。王成常年游走在诸多知名企业间，或咨询或讲课，深入企业一线经营实践，同时又能抽身远观，进行理论思考和总结。利用疫情空档，他写完了《人才战略》一书，我先睹为快，此书秉承了《战略罗盘》一书的特点，既有具冲击力的洞察，又有体系性的方法。

我在带领经营团队时常讲"扎硬寨，打呆仗"，立足长远保持战略耐性，久久为功，步步为营。这个非常契合王成提炼的人才战略的"终局思维和体系思维"，即从战略终局看人才布局，点兵点将、排兵布阵，有机统合战略管理体系和人才管理体系，以使人才的战斗力最大化。

我也非常强调"守正出奇"，这个非常契合3H模型，要布局和厘清成熟业务、成长业务和新兴业务，"守正"能够有今天和明天，"出奇"才能保证有后天。不同业务所需的领军人才大相径庭，成熟业务的领军人才要带着"显微镜"，而新兴业务的领军人才要拿着"望远镜"。企业要做好长中短期的业务结构，也要懂得区分人才结构。以人才的蔚然成林，推动经营的持续增长；以经营的持续增长，为人才充分释放事业机会和成长机会，进而实现组织的终极意义，赋能于人和成就他人。

这就是我的经营理念：战略牵引业务，业务牵引组织，组织牵引人才，最终走向企业和人的共生大赢。这与本书的中心思想"战略引领、人才驱动"高度一致。雷军一句"不以运营上的勤奋，掩盖战略上的懒惰"点醒了万千企业家，他在创业初期将80%的时间用于找寻人才，坚持"企业要用最优秀的人才，在核心人才上面，一定要不惜血本地去找"。上市后，小米更是加速在业务和人才两条线上进行未来布局，在战略岗位上配置了顶尖人才。

关于小米战略和小米人才的故事还有许多，人才战略4M模型给我带来了更多启发。总之，我非常期待这本书出版，《人才战略》是为数不多真正站在CEO视角思考的人才图书，强烈推荐各位企业高管阅读。

Talent Strategy　|推荐序二|

企业即人

谢坚

红星美凯龙家居集团总裁

我作为王成多年的好友,在看了他的新书《人才战略》后,不假思索地答应为他写推荐序。我有阅读的习惯,20年如一日,每天保持阅读,读过的书很多,这本书很大的魅力就在于立意宏观、洞见微观。这本书站在CEO的高度,宏观展现企业战略的"发生与结果",又在微观上强调"过程与变化"中人才战略布局的重要性,理论与实践相辅相成,给我留下了非常深刻的印象。致力于中国家居业的美学发展,把经营艺术化的红星美凯龙,也在不断尝试有创造性的管理技巧,尝试将管理艺术化,《人才战略》就是一本关于当代人才管理艺术的必修读物。

读完《人才战略》，我对日本经营之神松下幸之助说过的"企业即人"有了更深切的感受，企业应将关注焦点扩大到战略S曲线之外，管理好一条看不见的隐藏曲线——人才S曲线。公司不仅是"业务组合"，更是"能力组合"和"人才组合"，为了未来的成功，要提前布局与新业务匹配的人才。

《人才战略》围绕着"战略引领、人才驱动"这八个字，基于4M模型，构建出了很多务实落地的方法论，并援引各个领域的标杆案例进行深度剖析论述，从互联网行业的奈飞（Netflix）和今日头条，到高科技行业的华为和苹果，再到传统服务业的顺丰快递和永辉超市。这些例子正如《孙子兵法》中说的："故善战者，求之于势，不责于人，故能择人而任势。"各个企业在发展过程中，处于不同的发展阶段，只有拥有不同的业务组合，打出不同的人才战略组合拳，才能在激烈的市场竞争中愈战愈勇，生生不息。

宋代大家司马光曾曰："养兵之术，务精不务多。"这就是《人才战略》要告诉我们的，造人先于造物，CEO的关键任务就是要把今天的资源投入到创造未来中去，从终局看布局。从未来战略和核心竞争力中识别出战略性A类岗位群，再为这些战略性岗位群配置A类人才，给予A类激励，推动他们创造A类绩效，王成所提倡的4A人才方法论，始于战略，终于战略，能够有效助力企业打造竞争护城河，持续拥有精彩的未来。

《人才战略》这本书充满了诸多类似4A模型的方法，简单实用，让 CEO 一听即明、拿来即用，这是一本思想深入度和方法实用性并重的佳作。最后我想说，《人才战略》是 CEO 和 CHO、业务负责人和人力资源业务合伙人（HRBP）应共同学习的一本书，想必每一位拥有"复眼"的精英都会手不释卷、如获至宝。一千个人眼中会有一千个哈姆雷特，《人才战略》一定能够帮助不同行业的高管和精英，打造一片风格迥异、生生不息的人才森林。

| 推荐序三 | Talent Strategy

CHO 和 CEO 同频之道

谢克海

北京大学光华管理学院管理实践教授

在很多 CEO 眼中，HR 的形象是这样的：难以与 CEO 长时间地进行热烈深入的战略讨论；业务部门负责人向 HR "下单"，HR 疲于 "接单"，并得不到认可；HR 工作在董事会议题中并没有占得一席之地。IBM 在《全球 CEO 调研报告》中指出，仅有 35% 的 CEO 会邀请 HR 参与制定企业战略，CHO 在高管团队中排在最后。在一项对 5000 名人力资源管理者的调研中，仅有约 1% 的人表示所在公司的人力资源负责人得到了与 CFO 同等的尊重。

难道人力资源工作真的没有战略价值吗？当然不是！刚刚

故去的被誉为"全球第一CEO"的杰克·韦尔奇曾反复强调"人力资源负责人应当是任何组织的第二号重要人物"。为什么人力资源管理没有达到韦尔奇所描述的"成功图景"呢？大部分HR没有成为组织的战略伙伴，是因为他们没有从CEO的视角考虑问题，自然也就无法与CEO"同频"。

CEO关心的核心问题不外乎"做什么""谁去做""做没做"。CEO考虑最多、必须面对并最终决策的人才战略是"谁上谁下"。从某种角度说，企业的业绩是任用来的。CHO在"谁上"方面需要考虑"谁立刻上、谁今后上"，在"谁下"方面需要考虑"谁是问题人"以及"如何让问题人离开"。决定"谁上谁下"的前提是回答"谁行谁不行"，CHO的思维只有最终落实到"谁上谁下""谁行谁不行"才有可能与CEO产生真正的深度交流。

在解决了"谁上谁下"的问题之后，CEO还要让"上去的人"能够心无旁骛地施展才华。由此，CHO需要帮助CEO研究组织问题，通过培育让员工想干、能干的组织环境，提升组织竞争力和活力。企业的业绩，包括企业的竞争力、生命力、活力，都由人和组织环境共同决定。在企业战略确定的情况下，用对人并给做事的人营造想干、能干的环境就变得尤为重要。

王成关注CHO和CEO如何才能同频共振，CHO如何进入CEO的核心决策圈，如何成功扮演战略伙伴或组织领导者的角色，从而实现韦尔奇所说的"二把手论"。这也是我最喜欢研究的课题。

王成是边自我创业、边咨询讲课、边著书研究的"三边人",是圈子里少有的思想者。他既向德鲁克先生学习《旁观者》㊀那样冷静又热情的深度思考,也向稻盛和夫学习《干法》㊀那样身临一线冲锋陷阵的实战精进。读完王成的《人才战略》一书,我更加体会到王成作为一名战略专家,不同于很多HR专家,他从战略视角和CEO视角审视人力资源管理,视角的确独特,更能将战略管理和人才管理有机融合在一起。

王成以人才战略4M模型贯穿全书,该模型归纳到位、诠释充分,并探索出一系列落地工具与方法。更难能可贵的是,这本书与他的《战略罗盘》一脉相承,逻辑架构同根同源,是HR从业者深入理解战略和人才战略的不二指南。

最后,我们都需要将思想转化为行动,行动的结果取决于CHO变革的意愿和勇气,CHO要有"企业因我而不同"的信念和初心,从高效的事务工作者、人力政策专家升级为组织领导者和CEO的战略伙伴。

㊀㊀ 这两本书的中文版已由机械工业出版社出版。

Talent Strategy　前言

为什么要写这样一本书

为什么还要写一本人才管理方面的书？这类书已经汗牛充栋了！的确，市面上并不缺一本关于人力资源管理的书，但是几乎所有的书都是写给HR从业者看的，写给CEO（包括事业部业务领导人）读的实在太少了！我写这本《人才战略》，目标读者直指CEO！核心原因只有一个：CEO都应该精通人才战略和人才管理。

很遗憾的是，大部分CEO都是人才管理的门外汉。不过好消息是，大家都知道了人才对于企业的重要意义！从萧何月下追韩信、刘备三顾茅庐到马云西湖摇舟吸引蔡崇信，各种关于人才重要意义的故事CEO已经烂熟于心。很多CEO已是求贤若渴，大家都知道"千军易得，一将难求""得人才者得天下"的古训，深感体悟"发展是第一要务，人才是第一资源"的硬道理，因此这方面的内容我将不再赘述。

麦肯锡早在 1997 年就提出了"人才争夺战"（talent war）的概念。这已经过去 20 多年了，人才争夺战压根就没有停息过。如果说有什么区别，那就是它变得更加激烈了，尤其对于正在开启国际化、进行战略升级、推进数字化转型、加强科技研究，又恰逢 VUCA（易变的（volatile）、不确定的（uncertain）、复杂的（complex）、模糊的（ambiguous））的动荡时代和 ABCD（人工智能技术（AI）、区块链技术（blockchain）、云技术（cloud）、大数据技术（big data））的科技时代的中国企业来说。

本书的着眼点

那么，本书的着眼点在哪里呢？本书的着眼点来源于华为公司创始人任正非先生的一句话。1997 年，在《华为基本法》的起草过程中，一位教授问任正非："人才是不是华为的核心竞争力？"任正非答道："人才不是华为的核心竞争力，对人才进行有效管理的能力才是企业的核心竞争力。"

为了提升人才管理能力，华为先后向诸多专业咨询公司取经问道，从领导力素质模型到华为大学训战体系，从干部管理体系到以奋斗者为本。任正非在人才管理这个话题上，并没有停留在那些古训和大道理上，而是在体系上求精进，在方法上求精干。因此，本书将着眼点放在CEO如何提升人才管理能力，以及CHO如何和CEO并肩作战构建密联战略的人才管理体系上！

在诸多老板或CEO中，谁是最懂人才管理的？在海外，当属通用电气（GE）原董事长杰克·韦尔奇，他把GE的人才盘点和企业大学打造成全球争相学习的最佳实践。在国内，当属华为创始人任正非和阿里巴巴（简称阿里）创始人马云。在人才这件事上，他们躬身入局，不搞以"声"作则。

任正非以科学家的工匠精神和人性大师的敏锐洞察力，打造了"以奋斗者为本"的价值飞轮效应，让华为充满了组织活力。马云亲力亲为，构建了从战略盘点到人才盘点的运营体系，使阿里良将如潮。任正非把各部门一把手的责任定义为"布阵、点兵"，布阵就是组织发展，点兵就是人才的选用育留。马云将业务体系CEO的角色定义为"首席教育官"（chief education officer），在阿里统一战略和统一价值观上，马云总是以身作则、率先垂范，被尊为"马老师"。

本书不是一本仅喊喊口号的口水书，我将笔墨更多集中于方法论。思维理念很重要，可以落地的方法更重要，我最为担心的是CEO仅仅将人才管理停留在高大上的理念层面。

本书的论述重心

如何构建人才管理体系和如何提升人才管理能力涉及诸多模块,全面铺陈开来,必然让一本书显得粗笨,因此本书的论述重心放在了"战略引领、人才驱动"这八个字上!正如巴顿将军所讲:虽然战争离不开武器,但是真正决定胜负的因素是人。战略很重要,执行战略的人才更重要。在阿里,人才盘点排在战略盘点之前,阿里CEO张勇指出:先有人再有事,人不对事不对。基于此,本书的论述重心就是人才战略和公司战略如何保持一致性,战场和将才如何完美匹配。

无论是先人后事还是事在人为,卓越的CEO总是能做到"人/事合一":他们深思未来的战略终局,更深思现在的人才布局;他们持续优化公司的业务组合,更持续优化公司的能力组合和人才组合……华为创始人任正非就是这样的,一手抓"以客户为中心",一手抓"以奋斗者为本",这就是"战略引领、人才驱动"的核心要义。

很多企业也完成了一份定数量、定标准、定岗位、定编制、定薪酬预算、定人才供给的"六定"版人力资源规划,遗憾的是在这里面很少能找到"真正的战略",不过是一篇"规划八股文"而已。"战略性"人力资源管理,往往不过是"重要性"人力资源管理而已。人们对人力资源规划报告里没有"战略"越来越习以为常,犹如鱼香肉丝里没有鱼、老婆饼里没有老婆一样。为什么会出现这样的情况？我想这与很多 HR 经理人缺乏系统的战略学习和战略体悟有关。

本书的目标读者

本书的论述重心放在了"战略"上，让传统的人力资源规划变成真正的人才战略规划，让 CHO 和更多的 HRBP 深入地懂战略。此处的"懂战略"，不是懂所在企业或所在业务线的战略，而是跳出具体的个案战略，懂普遍的战略思维和战略方法。唯此，CHO 与 HRBP 才能和 CEO 坐在战略圆桌旁，围绕战略和战场，一起纵论沙场，一起点兵点将。

基于此，本书集公司战略和人才管理于一体，应该是 CEO 和 CHO、业务负责人和 HRBP 同桌共读的一本书。我希望借力本书，让 CEO 和 CHO 能够趴在一个战壕里，在人才管理上有更多的统一语言，在战略管理上有更大的对话空间。

好消息是，一些懂战略的 CHO 已经脱颖而出，他们不仅懂 HR 也懂业务，开始成为战略支撑者、组织建设者和变革主导者。戴维·尤里奇（David Ulrich）最近的研究表明，CHO 的职责和能力与日俱增，在 CXO 序列高管薪酬水平中 CHO 位居第三，仅次于 CEO 和首席运营官（COO）。

随着 CHO 的角色提升、能力要求越来越高，其和 CEO 的相似度越来越高，一些 CHO 开始被提升为 CEO。原汉高公司

CEO、现阿迪达斯 CEO 卡斯帕·罗思德是一个从 HR 副总裁晋升为 CEO 的成功典范；通用汽车（GM）现任 CEO 玛丽·巴拉出身于通用汽车 CHO，她正在推动 GM 进行史上最富有挑战的战略转型；在中国，红星美凯龙总裁谢坚、方正集团 CEO 谢克海、宁波银行上海分行行长徐雪松、原 TNT 公司 CEO 徐水波都是从 CHO 升任 CEO 的代表。

本书的逻辑架构

我之所以能够把战略管理和人才管理统合在一起，源于我是一名战略咨询顾问，所创立的公司又是一家提供人才管理全面解决方案的公司，业务涵盖人才体系咨询、领导力培训以及在线学习云服务。左手战略专业，右手人才专业，将战略和人才进行密联一直是我的研究兴趣与咨询实践。我大部分时间都是在给企业高管讲课和做战略咨询，利用业余时间去管管公司和写写书。我在 2010 年写了《从培训到学习》一书（由机械工业出版社出版）；又在 2014 年出版了《战略罗盘》（由中信出版社出版），后来在 2018 年推出全新修订版。从 2016 年开始，我带领研究团队开始编写系列人才战略研究报告，陆续推出了《新兴业务的人才战略》《智能化转型下的人才战略》《穿越产业转型期的人才战略》三本研究报告。

我在《战略罗盘》一书中构建了战略罗盘模型，即从规划视角、定位视角、能力视角和学习视角，深入探究四大战略问题：战略有与无、战略好与坏、战略实与虚、战略快与慢！我希望企业不是做到"有战略"，而是做到有一个"好战略"和"实战略"，让企业实现速胜、易胜，并拥有护城河而常胜；同时，常胜不会是恒胜，企业总要面对"时空转换"下的战略失灵和能力老化，唯有"快战略"才能让企业穿越周期、跨越转型从而持续拥有精彩的未来。

战略罗盘模型和与之匹配的培训课程颇受好评，我在平安、华为、蒙牛等公司持续讲授战略罗盘模型。我也经常基于这个模型讲授人才战略，后来形成了一门单独课程"人才战略"。本书的逻辑架构源于战略罗盘模型，如图0-1所示。

我第一次讲这张图是在2015年，当时中国银行总行人力资源部请我去分享人才战略，我以此图展开讲授，颇受好评，后来我又到中信银行总行进行了几次分享。从此，我就以此图为框架，持续丰富内容、优化对应方法论，并将之定名为4M模型，即围绕战略罗盘的四大视角，对应人才战略的四大思维（mindset）：终局思维、差异思维、体系思维和生态思维。

如前面所言，思维很重要，落地的方法更重要！人才战略4M模型并没有停留在四大思维上，而是沿着每一思维持续探询。我引用并自我构建出很多可以落地的操作方法，在此不逐一列举了，此处留白，希望大家去书中探询。

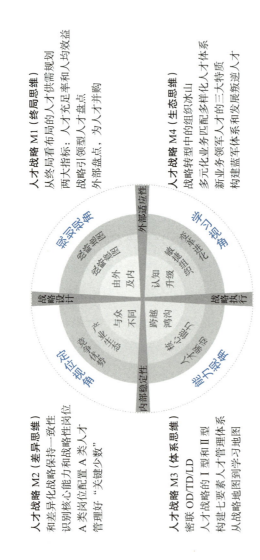

人才战略 M1(终局思维)
从终局看布局的人才供需规划
两大指标：人才充足率和人均效益
战略引领型人才盘点
外部盘点，为人才并购

人才战略 M4(生态思维)
战略转型中的组织冰山
多元化业务匹配多样化人才体系
新业务领军人才的三大特质
构建蓝军体系和发展叛逆人才

人才战略 M2(差异思维)
和差异化战略保持一致性
识别核心能力和战略性岗位
A 类岗位配置 A 类人才
管理好"关键少数"

人才战略 M3(体系思维)
密联 OD/TD/LD
人才战略的 I 型和 II 型
构建七要素人才管理体系
从战略地图到学习地图

图 0-1 人才战略 4M 模型：基于战略罗盘模型

哲学家歌德讲，经验丰富的人读书用两只眼睛，一只眼睛看到纸面上的话，另一只眼睛看到纸的背面。希望你能从这本书中看到、读到你的实践。

王成

二〇二〇年二月初二龙抬头

目录 Talent Strategy

作者简介
赞誉
推荐序一　扎硬寨，打呆仗，成就他人（卢伟冰）
推荐序二　企业即人（谢坚）
推荐序三　CHO 和 CEO 同频之道（谢克海）
前言

模块一　人才战略的终局思维

第 1 章　从战略终局看人才布局　/ 2

战略大图：从终局看布局　/ 3
战略金字塔：塔尖和塔基都是人　/ 5
CEO 最缺、成绩也最不好的一门课　/ 7
人才充足率：重仓人才，重仓未来　/ 9
人才战略和人力战略的逻辑区分是什么　/ 12
如何加速提升人均效益　/ 14

奈飞公司和张一鸣的"第四选择" / 17
第二曲线背后的人才 S 曲线 / 19
小结 一道选择题 / 22

第 2 章 从战略盘点到人才盘点 / 23

马云在阿里最重要的两件大事 / 24
人才盘点的三大流派 / 26
人才盘点中 CEO 要深思的 10 类问题 / 29
战略引领型人才盘点的最佳实践 / 31
人才盘点的四大误区 / 34
构建人才地图,提高人才充足率 / 38
人才循证:人才盘点的 15 个矩阵集 / 41
开展外部人才盘点,为人才去收购 / 44

模块二 人才战略的差异思维

第 3 章 影响战略成功的"关键少数" / 48

人力资源规划里面不一定有战略 / 49
战略有高下之分,更有好坏之分 / 51
客户价值主张的三大类型 / 55
四季酒店一样的零售店:客户和员工 / 58
战略一致性:差异化战略,差异化人才 / 61
关键人才和重要人才有何区别 / 63

绩效波动性：绩效收益率曲线 / 66

迪士尼乐园的人才战略 / 69

2% 岗位：影响战略成功的"关键少数" / 71

人才战略规划：从最大化走向最优化 / 74

第 4 章　超级竞争者的人才战略 / 77

从核心竞争力到组织能力的理论历程 / 78

把生命炼进自己的剑里 / 81

从战略地图到能力地图 / 83

将核心竞争力化育为员工行为 / 86

力出一孔的阈值效应 / 88

幂律分布：人才战略的 4A 模型 / 91

打破人才私有化，统调综效 / 94

驾驭明星员工的五大技巧 / 96

炸开人才金字塔塔尖，创建意义共鸣 / 99

附录 4A　对顶级人才、明星员工的学术研究 / 103

模块三　人才战略的体系思维

第 5 章　人才发展、学习发展、组织发展 / 108

人才发展的要义：羊群效应的正负面 / 109

人才战略的另一种选择：Ⅱ型 / 111

学习发展的要义：两句中国古话 / 114

组织发展的要义：熵减 / 117

组织发展的两大隐喻：蜜蜂和刺猬 / 121

尼采的名言，华为的深渊 / 124

以 LD 推动 OD：平滑变革的真谛 / 127

组织发展的现实指引：Zoom in, Zoom out / 130

附录 5A　AT&T 战略转型：人才大翻新 / 135

第 6 章　构建一体化的人才管理体系 / 138

人才管理体系的七要素模型 / 139

从 HR 体系升级到人才管理体系 / 142

选对人永远是企业的头等大事 / 145

胜任力模型要和战略保持一致性 / 147

价值评价的活灵魂：活力曲线 / 150

干部管理：热力学第二定理 / 153

人才激励：5 美元的伟大意义 / 156

飞轮效应：创造价值、评价价值和分配价值 / 158

4M 模型：从战略地图到学习地图 / 161

评估本企业人才战略的成熟度 / 164

模块四　人才战略的生态思维

第 7 章　组织冰山和人才生态 / 170

战略决定组织，组织决定成败 / 171

组织冰山 / 173

腾讯的变革会不会撞上组织冰山 / 177

组织学习的真正意义是学会忘记 / 179

把"经验理论"悬挂起来 / 181

阿里大文娱的焦虑：新人新业务还是老人新业务 / 184

3H 模型：从第一曲线到第三曲线 / 187

从园林到森林：差异化和多样化的人才生态 / 189

华为的探索：从一棵大树到一片森林 / 192

附录 7A 顺丰"四新"人才战略 / 197

第 8 章 极客、蓝军和叛逆人才 / 201

你的企业中有"极客"吗 / 202

新业务领军人才的三大特质 / 205

70% 的余承东和 30% 的张小龙 / 208

熔炉中的赤子态 / 210

大力发展叛逆人才 / 213

打造蓝军队伍：让自己人进攻自己 / 216

CEO 应成为英雄之旅的"引路人" / 219

附录 A 战略罗盘模型和人才战略 4M 模型的一致性 / 222

附录 B 人才战略四大思维下的 CEO 行动策略指引 / 227

致谢 / 238

模块一

Talent Strategy

人才战略的终局思维

第1章　Talent Strategy

从战略终局看人才布局

人之所以伟大，是因为他是一座桥梁，而非目的。

——哲学家　尼采

成功的关键不在于"怎么做""做什么"，而在于"谁来做"。

——亚马逊创始人　杰夫·贝佐斯

CEO 的思考题

1. 面向过去：如果重新来过，你从头开始创立企业，现有的团队成员，你愿意再次雇用的比例是多少？
2. 面向未来：为了实现未来的战略，对于现有人才队伍的支撑度和匹配度，你愿意打多少分？满分是 10 分。
3. 如果有机构投资者或风险投资人问你，企业"人才充足率"和"人均效益"这两个指标的具体数据是多少，你能脱口而出吗？

战略大图：从终局看布局

你的企业有一张战略大图吗？这是一个不为人知的商界秘密，即大多数企业都没有一张战略大图。整个企业没有一张战略大图，旗下的各个事业部、各个职能部门也无法有一张稍微详尽的战略地图。你没有战略大图，就意味着你的战略不够清晰明确，战略肯定以失败告终。更糟糕的是，这很可能说明你的企业从未有过战略。

假如你是一位将军，正率领部队进入一片陌生的地域，开辟一个新的战场。毫无疑问，你需要一张地图来标明重要的城镇、周边的地形、可利用的桥头堡。没有这些信息，你无法向部下传达你的作战方略。哈佛商学院著名教授卡普兰尖锐地指出："许多高层主管恰恰就像没有作战地图的将军。当他们试图实施自己的战略时，往往没有向员工详细说明'应该做什么'和'为什么要做'。"

清晰的战略大图需要你深入思考并回答三个基本的战略命题："我是谁""去哪里"和"如何去"。这三个问题想清楚了，就标志着公司有了哲学思想，没有哲学思想的公司是没有境界的公司，没有境界的公司一定不可能有远大前程。

有了战略，一个团队便开始从"蒙着打"升级到"瞄着打"。**认清了方向，就不怕路难；找对了路，就不怕路远**。卓越的战略领导者，需要把人们带往正确的航向，以简单有力的战略哲学唤醒人们的理想主义，感动他们的心，激发他们的行。

战略不是一个数,要实现100亿元的收入,这不是战略;战略也不是一个口号,比如要成为行业第一。战略不能仅仅回答"去哪里",还要回答"如何去"。实现100亿元的收入和成为第一的路径是战略的重要内容。

华为很早就在《华为基本法》中描绘了战略大图,《华为基本法》第一条就清晰地概括了华为的战略大图:"为了使华为成为世界一流的设备供应商(去哪里),我们将永不进入信息服务业(用'我不是谁'来清晰回答'我是谁')。我们以优异的产品、可靠的质量、优越的终生效能费用比和有效的服务,满足顾客日益增长的需要(如何去)。"华为早期的战略大图,从根本上解决了当时华为"战略清晰化和战略统一性"的难题。

与苹果和惠普一样,亚马逊也是从一个小车库起步的。在车库里,贝佐斯将他的"战略大图"写在了一张餐巾纸上。从1995年至今,亚马逊一直遵循着这张餐巾纸上写着的"战略大图"(具体参见我的另一本著作《战略罗盘》的第3章,其包括如何绘制更加详细的战略地图)。

战略的核心命题是回答"去哪里"和"如何去",这彰显了战略是"面向未来"的,战略是现实对不远将来的美好邀约。**战略不是"以过去推导未来",战略是"以未来推导现在"**。我们应该以未来的战略方向来决定现在该如何行动、如何取舍。正如阿里巴巴创始人马云所言:"从终局看布局"是有战略,"从布局看终局"是没战略!

谷歌原董事长埃里克·施密特在《重新定义公司》一书中分

享道:"正确的战略有一种美感,众人为了成功而集思广益。先想想看,5年后世界会是什么情形。5年后,许多市场中既有机遇也有陷阱,然后以此为基点,往前推算。"大道相通,谷歌的战略思维也是从终局看布局,以未来定义现在!

战略金字塔:塔尖和塔基都是人

优秀的企业会先描绘一张战略大图,然后找到合适的人,推动整个组织向这个战略方向前进。管理大师吉姆·柯林斯在其《从优秀到卓越》这部经典著作中讲到,卓越的企业并非如此,其做法恰恰相反,那些CEO不是首先确定目的地,然后再把人们引向那里。

用卓越CEO的经典话语来讲:"我真的不清楚应将这辆汽车驶往何处。但是有一点毋庸置疑,如果我们把合适的人请上车,让大家各就各位,让不合适的人下车,我们就可以确定如何将它开向某个卓越之地。"

柯林斯将其概括为"先人后事",这是企业从优秀到卓越的八大原则之一,正确的方向没有正确的人重要。正如古人所云:为政之道,任人为先!

联想创始人柳传志先生总结出了管理三要素:"建班子、定战略、带队伍"。宁高宁先生先后任华润、中粮和中化等大型企业集团的负责人,其心法、手法被提炼为"选CEO、组建团队、制定战略、运营管理、价值评价"五步组合论。

无论是柳传志还是宁高宁，在他们两人经过实战打磨的经营方法论中，"人"都被置于战略之前。马明哲在其著作《平安心语》中写道："人为先，策为后。没有合适的人，再好的策略也没有意义。"

在战略课堂上，我被很多企业家学员问到：到底是"先人后事"还是"先定战略再定人才"？我经常用爱因斯坦的一句话来回答这个问题："为什么不可以既是这个，又是那个？"

无论是柯林斯的"先人后事"还是柳传志先生的"建班子"，都是针对金字塔塔尖而言的，是面向高层的人才管理！金字塔再高也高不过塔尖，CEO 是一个企业的天花板，他决定了企业的高度和远度。如果创始人和 CEO 自己的战略远见与领导力停滞不前，就没有机会带领这家公司把握住更大的机会，走向更光明的未来。一家企业能不能进化，就看一把手能不能持续不断地进化自己。

为什么讲"先定战略再定人才"也是对的？因为战略决定组织，组织支撑战略，好的战略需要对的员工去执行。战略一经确定下来，就需要一步一步把战略转化为员工的行为。"先人后事"是面向高层的人才管理，而"先定战略再定人才"是面向中基层的人才管理。

2007 年，亚马逊创始人杰夫·贝佐斯接受《哈佛商业评论》（HBR）的采访，分享他如何成功地完成从创业者到管理者再到决策者的转变。他讲道："当你创业时，只是个人的事情……你不仅要谋划做什么，而且要付诸行动……公司规模扩大的过程中，我大多数时候是在琢磨做什么，而不是怎么做。现在，我绝大多数时候是在考虑让谁来做，而不是做什么。所以，可以把这一转变看作从问'做什么'到问'怎么做'再到问'谁来做'的过程。随着业务的扩大，只有这一条路可以走。"

亿康先达的执行合伙人费洛迪（Claudio Fernández-Aráoz）深受贝佐斯启发，写了一本名为《合伙人》（*It's Not the How or the What, but the Who*）的人才管理著作。他发现成功的CEO有一个共同点，他们知道：成功的关键不在于"怎么做""做什么"，而在于"谁来做"。

CEO最缺、成绩也最不好的一门课

"谁来做"这个看似非常简单的问题，考验的是企业的人才管理体系和CEO的人才决策能力。这个问题可以迅速分解为四个小问题：

- 有多少合格的候选人？
- 你定义"人才"的标准是什么？
- 如何评鉴人才，以做出正确的选拔和任命？
- 任用后，如何辅助他成功？

GE前CEO杰克·韦尔奇坦言，在担任GE初级经理时，他有一半的人事任命是错的；30年后，他依然有20%的人事决策是错的。被誉为"全球第一CEO"的CEO要用30年才能把他的错误率从50%降低到20%，那么对很多CEO而言，提高人才决策质量的困难程度有多高就可想而知了。

德鲁克先生于 1985 年在《哈佛商业评论》上发表了《如何制定人才决策》（How to Make People Decisions）一文，深入论述人才决策的重大意义。他写道："领导者在制定人才决策上所花的时间是最多的，他们也理应如此。其他决策都不会像人才决策的影响那样持久和深远，也没有其他决策像人才决策那样一旦做出就难以取消。"

他接着写到，很遗憾的是："领导者的人才决策很失败。他们在用人决策方面充其量只有 1/3 的决策是正确的，另外有 1/3 是完全错误的，还有 1/3 只能说是勉强有效。"他指出，如果是在其他管理领域，我们决不会容忍如此糟糕的表现。

和杰克·韦尔奇遥相呼应的另一位卓越 CEO 是阿尔弗雷德·斯隆（Alfred P. Sloan），他成功执掌通用汽车公司长达 40 年之久。德鲁克在《旁观者》一书中讲到，斯隆成功的一个关键原因就是"他亲自挑选了通用汽车的每个管理人员，上至生产经理，下至机械工长，甚至是小配件部门的主管"。

德鲁克还记录了斯隆和他的一段对话："你一定认为我是用人最好的裁判。听我说，根本没有这种人存在。只有能做好人事决策的人和不能做好人事决策的人；前者是长时间换来的，后者则是事发后再来慢慢后悔。我们在这方面犯的错误确实较少，不是因为我们会判断人的好坏，而是因为我们慎重其事。"

不过，很多 CEO 并没有慎重其事，他们在人才管理上投入的时间是非常少的！很多 CEO 埋头于具体业务，希望 HR 部门能够代替自己处理好"人"的问题,这是一个非常大的误区。拉姆·查兰(Ram Charan)曾说:"将合适的人才安排到合适的岗位是任何一个领导者都不应委托他人进行的工作。"

同时,我们也要深刻认识到,仅靠"慎重其事"还远远不够!我们还需要更多有效的人才管理工具和方法,才能保证我们做出正确的人才决策。很遗憾的是,很多CEO在这一方面很少接受过专业的训练。古人为称王为将,都需要熟读《孙子兵法》和《资治通鉴》,既要通晓战略谋划,又要掌握人才管理!

人才决策能力是卓越领导者区别于一般领导者的关键所在。那些精于搜寻、招募、雇用、培养并保留优秀人才的CEO,才能带领组织称雄于业界,甚至基业长青。人才管理不是一门艺术,也不是一部宫廷剧,它是一项CEO可以学会而且必须学会的重要技能。

人才充足率:重仓人才,重仓未来

有了战略大图,我们就可以进一步思考"谁来做"这个重要的人才决策。当讨论到这个话题时,很多企业高管更多担忧的还不是"哪个候选人"的问题,而是"没有候选人"的问题!

很多中国企业在请全球一流战略咨询公司制定了宏伟的战略之后,才发现它们缺乏实施这些战略的人才,只好暂时将战略规划高置于CEO的书架上,使之沾满灰尘,为时机渐去而遗憾。作为公司战略设计者的CEO,如何避免人才青黄不接、大将缺位、新的战略机遇无法实现的悲剧呢？

战略大图与现实之间一定存在巨大的"资源缺口"和"能力缺口"。最大的资源缺口是"人才缺口"，最大的能力缺口往往是"人才管理能力"太弱！纵观产业发展史，在过去 100 年中崛起为全球领袖的公司，无一例外都是怀着与它们现有资源和能力不相称的远大抱负起步的。

因此，存在人才缺口不可怕，关键是采取什么举措去填补人才缺口。基于多年的咨询实践，我的建议是：将"人才充足率"作为一个重要的北极星指标（north star metric）。

人才充足率是美国富国银行（Wells Fargo & Co）采用的一个北极星指标。作为一家世界级的卓越银行，它对"人才充足率"的重视程度几乎比肩银行业最重要的指标"资本充足率"（capital adequacy ratio）。资本充足率是银行的资本总额与其风险加权资产的比率。资本充足率有不同的衡量口径，主要比率有资本与负债的比率、资本与总资产的比率、核心资本与加权风险资产总额的比率等，在此不再赘述。

人才充足率的计量也是如此，分为以下几个层次。

- 一年内准备就绪的接班人：管理人员总人数
- 高绩效人才数量：全公司人数
- 高潜人才数量：全公司人数
- 战略性岗位上 A 类人才所占比例

  ……

人才充足率应该层层分解,细化到不同的事业部、不同的管理层级,成为各级管理干部重要的考核指标和监控指标。

美国企业领导力委员会的研究表明,在绩效卓越的组织中,高潜人才充足率可以达到20%,而在绩效低的组织中,高潜人才充足率只有2%。高潜人才充足率达到20%的企业,其经营绩效比整体平均水平高14%。高潜人才充足率高的企业,在未来能进入整个行业前25分位的概率要比其他组织高17倍。

高潜人才充足率高的企业不仅现在能赢,未来赢的概率也高,特别是在充满动荡变化、不确定性高的未来。重仓人才,才能重仓未来。

在地产业,龙湖地产提出了人才链和资金链的对应概念,并认为人才链断裂就是资金链断裂的根本原因。人才链断裂的标志是公司关键岗位上配备的是不胜任的、没有竞争力的或者不适合的人员。人才链断裂有很长的"潜伏期",不易被发现,在两三年后开始发作,会导致企业发展停滞3～5年,甚至一蹶不振,退出竞争舞台。

的确如此,惠普公司创始人戴维·帕卡德曾讲过一句深刻的话:公司的收入增长速度持续快于人才的补给速度,是不能建立起一个卓越的公司的。如果"人才充足率"滞后于"业务增长率",那么组织能力就不能得到提升和保障,整个企业就无法驾驭"高速增长",此时此刻只能陷入"增长的痛苦",并错失很多战略机遇!

人才战略和人力战略的逻辑区分是什么

为了避免陷入"增长的痛苦",一位创业家最近向我咨询如何加速人才招募。他的企业目前有约 500 名员工,他想扩充到 1000 人,以推动企业收入规模翻番。

我并没有给出如何加速人才招募的建议,我反问道:"有没有可能不用新增 500 名员工,而是仅仅新增 200 名顶尖人才,他们能力更强、绩效更高,你支付给他们双倍工资,以达到收入规模翻番的经营目标?"一言以蔽之,"减人、增产、涨工资"有没有可能让收入翻番?

这种人才战略在谷歌、奈飞、阿里巴巴和龙湖地产备受推崇。龙湖地产把此归纳总结为"1234"龙湖人制造法,类似于丰田公司"先造人、再造车"的人才为先理念。龙湖"1234"的含义就是:1 个人,2 份工资,3 倍努力,4 倍成长速度!

2012 年,阿里巴巴有约 2.8 万名员工,马云要求业绩增长一倍,各部门根据经营目标翻番的要求做出了人才规划,汇总统计整体至少增加 12 000 名员工。HR 部门将人力资源规划预算呈报给了马云。马云坚决不同意,让 HR 部门和各部门沟通,重新调整新增人数。

各部门充分沟通后,好不容易把员工人数的增量控制到了 8000 人。马云还是不同意,提出最多增加 5000 人,并且指出如果当年没有实现业绩翻番,那么包括他自己在内,所有人一分钱年终奖都没有。到了 2012 年年底,阿里业绩不止翻番,年底净增的员工数量还远远低于5000人。

马云在2013年年初给阿里全员写信，他写道："**奖和励是不同的概念，阿里信奉给结果付钱（奖），给努力鼓掌（励）……2012年阿里人真正实现了'3个人干5个人的活，拿4个人的工资'的理念。**"

2017年，华为创始人任正非在题为《华为的胜利也是人力资源政策的胜利》的讲话中提道："我们要循序渐进，要不断提升我们的效率，人员费用增长要慢于销售收入和利润的增长。我们提倡'3个人干5个人的活，拿4个人的收入'。加强获取分享制，形成不同血脉，但有共同信仰、共同利益的群体。"

无论是阿里还是华为，其衡量人才战略成效的核心指标就是"人均效益"（ROI）！这个指标可以扩展为人均收入、人均息税前利润（EBIT）等。只有人均效益提升了，企业才能有更大的薪酬空间，去激励现有的人才和招募更多顶尖人才，这样就开始了人才引擎的良性循环；如果人均效益很差，企业就没有空间给现有的人才发奖金，也没有实力给出具有吸引力的offer（录用信），这样就开始陷入恶性循环。

在华为，提升人均效益是所有部门一把手的核心职责，从机制上牵引各级主管去主动关注人均效益。基于此，华为规定："凡不能达到公司人均效益提升改进平均线以上的，体系团队负责人，片区、产品线、部门、地区部、代表处等各级一把手要进行三降问责。"

回到本节开始时那位创业者的想法！这类线性扩编的想法很

正常、很传统，不过是"人力战略"的思维逻辑，即加人增产。"人才战略"的思维逻辑不是加人增产，而是减人增产。当然，"减人"是个相对概念，不是绝对的不增员，而是加速提升人才产出率！

A企业是"3个人干5个人的活，拿4个人的收入"，这就是人才战略；B企业是"5个人干5个人的活，拿4个人的收入"，这就是人力战略。你快速想一想：是A企业经营效益好，还是B企业经营效益好？是A企业组织更有活力，还是B企业组织更有活力？面向优秀人才，是A企业更有人才吸引力，还是B企业更有人才吸引力？

如何加速提升人均效益

关于人均效益这个概念，今日头条创始人张一鸣的思考很独特，他在一次演讲中讲道："中国、印度、柬埔寨的人力成本低，但是人力成本高的美国发展得最好。核心原因是，美国通过配置优秀的人才……所以关键不是看人工成本，而是看回报和产出。只要人均效益好，薪酬越多，说明人才回报越好。"那么，如何加速提升人均效益呢？

1. 精简组织、冗余部门和业务流程

过低的人均效益，往往意味着组织的过度膨胀和机构臃肿。因此，华为不断压缩平台和支撑人员，压缩非生产人员，同时增

加作战部门编制，确保作战队伍的编制到位。任正非在诸多会议上不断重申，要靠有效的管理，而不是简单、一味地以人员规模的快速膨胀来支撑业务发展。

2. 招募顶尖人才到战略性岗位上

不管是哪种类型的工作，优秀者和平庸者之间的产出率差距甚大，高达 4 倍。著名百货公司诺德斯特龙（Nordstrom）最佳售货员的销售额是其他百货公司普通售货员的 8 倍。谷歌的方法就是强化招聘系统和激励系统，确保各个岗位都招募到各个领域中的顶尖人才。关于这些内容，我们将在第 3 章中详细论述。

3. 要把低产出、低潜力的员工挤出去

亿康先达的一份研究表明，即便是在那些业绩和声誉均为中上水平的企业中，大约 1/3 员工的能力、表现也是低于行业平均水平的，大量不称职的人坐上了高管的位置。因此，很多公司都在实践绩效管理中的"强制分布"，强制淘汰绩效排名靠后的 5% 或 10% 平庸员工。

4. 加强培训，为员工持续赋能

要让员工有高产出，就需要持续为员工赋能，让他们具备更高的能力，用更好的工作技巧，去创造更高的绩效。西南航空和海底捞就是如此，它们搭建了完善的学习发展体系以帮助员工更快、更好地成长，持续提升员工的使命感（愿意干好）和胜任力

(能够干好)。关于这些内容,我们将在第 7 章中进一步论述。

很多高管经常问我,人均效益指标和人才充足率指标哪个更重要。对于 CEO 来说,这两个指标都重要,都应该成为 CEO 月度工作会议上要监控的指标!那么,这两个指标之间是什么关系呢?

- **人才充足率是领先指标,要前导先行;人均效益是滞后指标,是结果产出**。简而言之,前者是企业有多少人才,后者是这些人能打多少粮食!
- 人才充足率指标提高会不会降低人均效益指标?我们讲的是人才充足率,而不是员工充足率,因此这个担心是多余的。同时,我们也要看人才充足率指标是如何定义的。如果人才充足率是指高潜人才占比,那么这个指标高会传导拉高人均效益指标;如果人才充足率是指 1 年内可以继任的后备人才占比,那么这个指标高,在短期内会降低人均效益,但在长期内有可能会提高人均效益。
- 基于此,同时监控这两个指标,有平衡长期和短期的作用。仅仅看人均效益指标,会导致公司在短期内过度减人缩编,人才充足率指标降低,可能会导致人才链断裂,让公司丧失未来的增长机遇和战略空间。因此,任正非指出"人均效益提升的基础是有效增长"。过低的人均效益意味着组织过度膨胀和机构臃肿;片面强调人均效益,容易减少人才储备,很有可能会压制业务增长的潜力。

我经常把人才充足率和人均效益这两个指标放在一起，来衡量一家公司的"人才密度"（talent density）。人才密度这一概念是奈飞公司提出来的，并深深打动了今日头条创始人张一鸣，也成了今日头条人才战略的核心内容。

奈飞公司和张一鸣的"第四选择"

奈飞公司创始人里德·哈斯廷斯（Reed Hastings）以清晰的逻辑论述了奈飞的人才战略和所做的"第四选择"（a fourth option）。他从一个问题开始：**为什么大多数公司的规模变得越来越大，而员工的创新空间却变得越来越小？**

因为伴随着公司规模的扩大，公司的运营复杂度也会与日俱增。这导致两个结果：人才和文化被稀释；经营管理上开始越来越混乱。为了抑制公司经营管理上的混乱，公司开始强化管理，推出诸多制度和强化流程管控。没有人喜欢繁杂的流程和严格的制度，但是和运营混乱带来的痛苦相比，前者让CEO和各种偏好稳定的员工感觉好一点。

就这样，一家完善且严谨的"流程驱动型"公司诞生了，规范性战胜了灵活性，留给顶尖人才的创新空间大大缩减，很多偏好创新和自由度的顶尖人才离开了，高绩效人员占比快速下降。对于流程和制度，很多公司往往不会说"乱"，只会说它很慢、很僵化。如果外部经营环境突变，新技术、新竞争者或新商业模式出现，这样的公司将会痛苦地被碾成明日黄花。

华为正在加速陷入流程驱动型公司的"窘境"。经历 30 年的高速发展，华为内部中文流程文件已有近 3 万份，平均每份 12.6 页，据估算华为总流程文件多达 36.7 万页。让美国人民和特朗普无法忍受的美国联邦法规一共多少页呢？答案是：18.5 万页。

保持公司小型化而保存灵活性和创新能力，会使公司丧失行业增长机遇，让公司缺乏市场影响力。因此，保持团队规模小、业务组合简单、运营复杂度低，并不是想做大事业的公司的解决办法。如果在公司规模扩大时不强化流程管控，就会被运营混乱所折磨。该何去何从，有没有第四选择？

奈飞做出了第四选择：**以超过业务复杂度提升的速度提升人才密度**，使制度和流程极简化，吸引更多高效能员工，让更多高效能员工去抑制公司规模扩大带来的混乱。**不要把公司变成"流程驱动型"公司，要把公司变成"人才驱动型"公司**。今日头条把这一点总结为"和优秀的人做有挑战的事"，和优秀的人并肩作战，才能高效地解决复杂度高的难题。

奈飞是如何做到的？以下是奈飞人才战略的最佳实践。

- **奈飞致力于只雇用卓越员工**。一个卓越员工比两个胜任员工做得更多，花费更少。和许多公司一样，奈飞努力将招聘做好；和许多公司不一样，奈飞实行"仅仅做到称职的员工，也要拿钱走人"。

- **奈飞只在意是否完成了伟大的工作成就**。奈飞不用员工满意度和敬业度来衡量组织是否健康，仅仅衡量员工是否保持了最高质量的工作产出。能够做到的优秀员工,将会被委以重任,酬以重金,支付市场最高薪酬。

- 奈飞的管理者都必须熟练掌握人才管理方法。奈飞的管理者都能够明智地招聘并培养员工,也能适时裁员,以保证在每个岗位上的都是明星员工。
- 奈飞人力资源部门永远在招聘和吸引人才。奈飞公司原CHO 帕蒂·麦考德认为人力资源部门也是业务部门,要求人力资源管理者在团队建设方面发挥主导作用,确保团队中每个岗位上都有技能匹配的高绩效者。

奈飞的人才战略成功地推动了奈飞数十年持续的自我革新和战略升级:在保持传统"邮递 DVD"核心业务蓬勃发展的同时,全力学习如何开展"流媒体"业务。最富有挑战的是,这两项业务是相互替代的,犹如双手互搏。然后,奈飞把系统迁移到云端,成为云计算的典范。最后,奈飞开始创作原创节目,出品了全球热剧《纸牌屋》。

第二曲线背后的人才 S 曲线

曾经是奈飞追赶榜样的百视达公司(Blockbuster)并没有像奈飞一样创造战略转型成功的奇迹。百视达公司凭借成功的光盘超市模式,发展到巅峰。很快,它就被奈飞的颠覆性创新(DVD邮寄服务)打垮了。更不幸的是,宽带提速、云端互联呼啸而来,百视达公司彻底被碾成明日黄花。

所有的企业迟早都会碰到成长空间不再的窘境，面对残酷的现实，企业不得不进行持续的自我革新和战略升级。**能否顺利从一项事业的成熟阶段跳到另一项事业的成长阶段，正是卓越企业和昙花一现企业高下立判的地方。**

2007年，奈飞在DVD邮寄服务尚未达到顶峰时，就推出互联网流媒体业务，而那时的网络速度和消费习惯都尚未准备就绪。有人批评奈飞的新业务会吃掉自己既有的营业收入，但CEO哈斯廷斯知道DVD邮寄服务只是暂时的解决方案（缺乏效率），公司必须赶在现有业务S曲线（第一曲线）逐渐消失之前，开始一条新S曲线（第二曲线）。

像奈飞这样成功实现了自我革新和战略转型的公司，会将关注的焦点扩大到战略S曲线之外，管理好一条看不见的隐藏曲线，即人才S曲线——**为了未来的成功，需要多少人才和需要什么样的人才**。这些公司不会为了短视的成本节约，在人才的投资上打折扣。它们往往不畏短期经营困难和盈利压力，大力选育能够推动新兴业务崛起的人才，持续提升人才充足率。

管理人才S曲线极富挑战性，因为现有的人才能力翻新需要很长的周期，招募或并购的新人才要融入公司也需要一定的时间，所以需要更加先行为之。这就需要CEO尽早基于战略终局倒推人才布局，激发时不我待的紧迫感。

人才S曲线的编制推导需要综合包括数量上的、结构上的和质量上的维度，方法如下。

1. 线性数量推导

星巴克要在中国新兴市场快速增长,就需要基于未来开店数量的战略目标,倒推需要招募和培养多少位优秀的店长。对于已经成熟的业务,在进行复制性扩张时,可以采用简单的线性数量推导。当然,在技术上,还需要加入人员流失、晋升轮岗等变量参数。

2. 结构优化推导

华为要实施深度国际化战略,就要解决艰苦地区没人去、外籍员工占比过少等结构问题。顺丰要激发组织活力、开展二次创业,就要解决年轻干部没机会、"85后"干部占比太少、45岁以上元老退位等结构问题。人才结构一般包括国际化人才占比、经理人队伍年龄结构、外聘和内储比例等。人才结构优化要从长计议,因为腾挪调整、吐故纳新是一件长周期之事。我会在第7章中详细论述顺丰的人才战略。

3. 战略转型推导

随着智能化、电动化、自动化等新技术的不断涌现,大众、丰田等汽车巨头纷纷开启战略转型。GM宣布在2019年大幅裁员超过8000人,其中包括全球25%的主管人员。在裁员的同时,GM也在软件开发、燃料电池和自动驾驶技术等新兴领域中大举招聘,比如旗下自动驾驶部Cruise Automation已有逾1000人,还将新增200人。掀起这一轮人才管理大动作,做出孤注一掷的转身，GM 期望能够成功跨越产业转型期，赢在战略转折点。

小结　一道选择题

所有行业都将进入产业转型期，所有企业都将面临战略转折点。纵观前后 30 年典型的产业演进，有"过去时"，也有"现在进行时"。手机行业的产业转型期已经落幕，格局大定；汽车行业的产业转型期正大戏开演，如火如荼。

奈飞公司、三星手机提前为通用汽车做好了动作示范，它们成功跨越了产业转型期，赢在战略转折点。奈飞公司创始人哈斯廷斯不仅做对了"第四选择"，还答对了下面这道选择题！请听题！

要组建一支能够推动公司持续自我革新、持续成功转型的团队，方法无外乎以下两个：

A. 花大钱招募精英人才　　B. 延揽中等人才，加大培训力度

你会如何选择呢？

我将在第 6 章中论述。

Talent Strategy |第 2 章|

从战略盘点到人才盘点

微察问之,以观其辞。穷之以辞,以观其变。
见其谋事,知其志意。告之以难,以观其勇。

——鬼谷子

虽然战争离不开武器,但是真正决定胜负的因素是人。

——著名将军 巴顿

CEO 的思考题

1. 在你的视野里,你关注了多少位具体的人才?在这些人中,如果有人要辞职去同行业的其他公司工作,有哪些人是你会拼命挽留的?
2. 如果公司的一位重要人才提出离职,你能否在 24 小时内找到接班人?
3. 回顾过去,在面临重大的人才决策时,你有没有犯过让你刻骨铭心的严重错误(比如关键岗位招错人、诸葛亮挥泪斩马谡等)?

4. 远观 3～5 年，你是否为主战场和新业务储备好了领军人才？近看 1 年，你要发起哪些必胜战役，对现有的人才打赢硬仗你的信心有多大？

马云在阿里最重要的两件大事

马云在任阿里董事长期间，每年必须主导参与两件大事：人才盘点和战略盘点！阿里每年 6 月做人才盘点，9 月或 10 月做战略盘点，持续推动战略和人才之间的一致性和匹配度的提升。

为什么人才盘点要排在战略盘点之前？阿里 CEO 张勇的答案是：先有人再有事，人不对事不对。

很遗憾的是，很多企业到了年底，仅仅去做财务盘点，而没有做过人才盘点，在这些企业的 CEO 眼中"财务重于人才"。第一次提到人才盘点，马云讲道："我们公司越来越大了，对桌子、椅子这些资产每天盘一遍，为什么我们不对人盘一遍？人也是集团的资产，所以要每年盘一下，看一看人有没有增值？"

马云最早的出发点是"树挪死，人挪活"，通过人才盘点把人挪一挪，以此激发人才活力和组织活力。GE 中国区原负责人关明生在加盟阿里之后，把 GE 的人才盘点方法论引入到了阿里。

人才盘点源于 GE 著名的 Session C 会议。每年 4 月或 5 月，GE 的 CEO 以及人力资源高级副总裁将在 GE 的各个业务单元主持召开 Session C 会议，针对该管理团队的业绩表现和人才管理进行长达一天的人才盘点。

Session C 会议的目标包括：审议战略前景对人才的潜在影响；对经营成果和工作绩效进行回顾；识别高潜能人才；在组织范围内进行人才的交叉比较；针对前 20% 和后 10% 的员工制定相关人事政策；规划高级职位的继任；规划高潜力经理的发展步骤。GE 通过人才盘点会，保障了公司的人才充足率，使得 GE 能够在 24 小时内找到任何一个子公司 CEO 的继任者。

人才盘点就像一次洗牌，它能帮高管层厘清头绪，知道谁是你的 A，谁是你的 K，谁是你的 Q，进而制订最佳的人才配置方案。CEO 需要全方位实时洞悉公司的 54 张人才王牌和 108 位干将。俗话说：宁可不识字，不可不识人。人才盘点就是 CEO 不断识人的方法和持续校准机制。

马云手里面大概有 300 张人才王牌，杰克·韦尔奇手里面大概有 500 张人才王牌。这些人才王牌的优势、劣势、脾气秉性、领导力风格，甚至家事家风，马云都了如指掌。无论是马云还是韦尔奇，其实都是公司最大的人力资源官。正如今日头条创始人张一鸣所讲：一个 CEO 应该是优秀的 HR。

除此之外，整个公司的组织部、政委体系还需要时时关注这些人才王牌的心理状态、所带领团队的组织氛围、个人的离职风险等。一方面要为这些人才王牌制订个人能力加速发展计划，另一方面要为这些人才王牌制订继任计划和继任者的加速发展计划。公司要确保在为王牌人才加完油后，不被王牌人才所绑架。

有的 CEO 握着一手人才好牌，但硬生生打烂了，战场不对、布阵不对、人岗不配、人浮于事、信任不够，整个团队的战斗激情最后消磨殆尽，整个组织逐步成为僵尸企业。

有的 CEO 刚刚上任，握着一手人才烂牌，但打得精彩，实现了绝境重生。阿迪达斯 CEO 卡斯帕·罗思德就是如此，他曾经领导了汉高公司的战略转型。他是一个从 HR 副总裁晋升为 CEO 的成功典范。他经常到全球出差，每到一个地方，他必须做的事情，就是和当地公司的人才王牌吃饭、聊天。

过去汉高 95% 的员工都实现了收入预期，但是公司从未达到过一次经营目标，整个公司就是一个"快乐的经营不善者"，业绩急剧下降，濒临亏损边缘！罗思德以"人才盘点"为突破口，重构人才标准、绩效管理和激励体系，调整了近 40% 的管理团队，把烂牌打成好牌，汉高成功完成了战略转型。

人才盘点的三大流派

在中国做人才盘点，已经形成了人才测评流派、人力主导流派和战略引领流派这三大流派，以下是我对三大流派的观察和点评。

- **人才测评流派，由人才测评顾问主导人才盘点。** 这些顾问熟悉心理学并掌握多种人才测评工具，所以在做人才盘点时使用了非常多的测评工具，加之很多测评工具的测评过程很烦琐，使诸多业务领导人和员工不胜其烦，这看起来很专业、很科学，但过于标签化、脸谱化，让人才盘点变成了花拳绣腿、心理测评，远离了业务一线和战略要求。最后，人才盘点开始会遭到业务部门抗拒，CEO 最后也不参与了。总之，人才盘点不能沦为人才测评。

- 人力主导流派，由人力资源部门主导人才盘点。推动人才盘点的目的是让人事决策更为科学一些，比如晋升谁、辞退谁、调岗谁。人事决策很重要，不能简单拍脑袋，需要更加科学化和体系化，人才盘点无疑是一个很好的方法论。但是，以人力资源部门为主角的人才盘点，业务部门的参与度很低，导致 HR 对人才的洞察深度和对立体信息的掌握不够全面或准确，人才盘点很容易成为"烂尾工程"。总之，人才盘点不能沦为 HR 部门的独角戏。

- 战略引领流派，由 CEO 高管层主导人才盘点。人事主导是狭义的人才盘点，CEO 主导是广义的人才盘点。广义的人才盘点具有更高的目的和意义，不仅盘点人，更要盘点战略、盘点组织，其目的是构建战略、组织和人才之间的耦合连接。从战略看组织，从组织看人才，由此 CEO 才能更好地点兵点将、排兵布阵。

正如龙湖地产前 CHO 房晟陶的拷问：是盘点个体还是集体？是盘点别人还是盘点自己？他指出，人才盘点要增加"集体视角"，要深入思考：为了实现下一阶段的战略目标，本企业需要实施什么新战略，保留、调整、增加哪些组织能力？要回答这个问题，不能仅有"个体视角"，还必须有涵盖整个组织的"集体视角"。如此，单靠几个测评工具和人才测评顾问搞人才盘点，无异于缘木求鱼；单靠人力资源部门的独角戏，也是难于上青天。

基于此，人才盘点要靠战略盘点去引领，两者要保持一致性。战略引领的人才盘点就是要避免业务方向已经调整而人还在原地不动的被动局面。战略盘点要思考我在第 1 章中讲到的战略大图，涉及以下关键问题：

- 去哪里和如何去？
- 战略金字塔和业务组合是什么？
- 主战场和次级战场有哪些？未来一定要打赢哪些战役？
- 要谨慎去判断，是人的能力问题，或是业务发展的战略问题，还是业务管理的组织问题？

我是战略引领流派的倡议者和推动者，该流派要求介入人才盘点的专家顾问必须不仅懂人才，还要懂战略和组织。战略引领流派的人才盘点的核心理念就是：**人才盘点不是为过去盘点，人才盘点是为未来盘点！**这是阿里巴巴集团前 CHO、阿里十八罗汉之一的戴珊经常讲的金句。

如果不能把人才盘点的立意提高到战略盘点，那么人才盘点的起点至少也要是组织盘点。组织盘点要思考这些问题：现有组织有没有和未来紧密连接，该如何调整优化？组织必须新增什么核心能力？哪些岗位将变得至关重要？为了未来的成功，我们需要什么样的组织结构和核心能力？

因此，只靠人才盘点项目的项目经理和几位人才测评顾问来搞定人才盘点是远远不够的，凭借一套远在云端的人才盘点系统更是无能为力。人才盘点的第一责任人应该是CEO：在GE的Session C的会议中，CEO亲力亲为；在阿里，马云和张勇亲自推动整个集团的人才盘点流程。

人才盘点中CEO要深思的10类问题

对于战略引领流派的人才盘点，CEO是总导演，HR是配角，主角是业务领导者。作为总导演的CEO，在推动和参与人才盘点过程中，必须深入思考并回答以下关键问题。

（1）远观3～5年，公司未来新增的主战场是什么，业务组合和业务梯队如何搭建？我们是否为这些主战场和新业务储备好了领军人才，让战场有良将，良将有战场？

（2）近看1年，在现在的主战场和新增的主战场上，我们马上要发起哪些必胜战役，今年要打哪些具体的硬仗？又到一年点将时，该如何排兵布阵？

以上两个问题是战略盘点的核心内容，我会在第3章和第7章中进一步论述。

（3）旧组织无法执行新战略，我们的组织阵型要进行怎样的调整和演进？要新增和强化什么组织能力？又有哪些组织能力已经板结过时，演变成了公司进一步发展的核心阻力？是进行小步快跑的迭代还是进行大刀阔斧的变革？核心事业部和职能线的领导人是否胜任？

（4）公司过去在人才优化配置和人才培养发展上采取了哪些策略行动？反映在人才盘点的跨年对比上，效果如何，进步多大？人才盘点不仅要盘点别人，还要盘点自己。CEO 要盘点一下自己：你在人才管理上投入了多少时间？自身领导力的哪方面得到了怎样的提升及改进？CHO 和人力资源部门要盘点一下自己：整个人才管理体系的建设成效如何？如何进一步持续优化提升？在 GE 人才盘点会上，业务领导人通常都会复盘他们过去用人时犯的错误。

（5）公司的人均效益如何，是否处于行业领先地位？这个指标的重要意义和提升方法我在第 1 章中已经论述过。CEO 也可以把这个指标再细分，比如诸位销售人员的人均销售额（看公司销售战斗力）等。最好能够和同行业的领先企业进行对标，认清差距，并制定出改进的系列举措。

以上 3 个问题是组织盘点的核心内容，我会在第 4 章和第 6 章中进一步论述。

（6）公司的人才充足率如何，是否良将如潮？这个指标的重要意义和提升方法我在第 1 章中论述过。CEO 也可以把这个指标再细分，比如高绩效人员占比、高潜力人员占比、高准备度的继任人才占比等。

（7）重要将帅有没有充足的后备人选？板凳深度如何（稳定性、胜任度）？哪些需要等一年？哪些需要等两年？如何处理将帅继任计划中的人才空缺风险、流失风险和继任者的转型风险？最优选择是挖不动、不流失；次优选择是越挖越旺，因为后备人才充足，铁打的营盘流水的兵。

（8）有哪些高潜人才被各个事业部雪藏了，碰不得、调不得？公司是否存在这种"人才私有化"的问题？有哪些高潜人才被淹没、压制住了？有没有哪些业务负责人是"武大郎开店"，故意打压？CEO 要打破人才私有化，让人才在组织内充分流动起来。同时，提拔被打压的高潜人才，把 A 类人才配置到 A 类职位上，激发他们的"洪荒之力"。

（9）同时，CEO 还要跨年拉长历史看人才盘点，比如看一看是否存在在往年的人才盘点中被寄予厚望的少帅、悍将没有做出期望的业绩的情况？是潜能评价失误看走眼了，还是搭错了班子队伍，甚至是放错了战场？

（10）CEO 还应该每年重新审视一下曾经一起打天下的创业元老，他们在价值观、学习力、核心技能上是否还能适应未来战略的需要和组织的需要？如何让元老发挥余热或者体面淡出，避免老员工长期盘踞岗位，赋予新生人才成长空间，激发组织活力，是 CEO 面对的一大难题。

以上 5 个问题是人才盘点的核心内容。

战略引领型人才盘点的最佳实践

人才盘点在国内经过近 10 年的推广，在阿里、京东等互联网企业的引领下，越来越多的企业开始从早期的人才测评流派转变为 HR 主导流派，部分企业已经开始熟练掌握战略引领型的人才盘点。

在此,我选编了七家典范企业的实践,分别是华为、阿里巴巴、GE、汉高、奈飞、今日头条和龙湖,横跨不同行业、涵盖不同规模。鉴于篇幅有限,我没有面面俱到,仅仅选择了不同企业值得借鉴的不同侧面。

1. 华为:干部队伍战略规划

华为从业务战略及需求出发,前瞻性地制订干部队伍战略规划,在干部战略规划的基础上开展人才盘点。同时,推动人才盘点结果与干部继任计划、任期管理、干部流动、高潜人才培训等工作的有效衔接。比如,华为会系统地评估继任计划中的人才空缺风险、流失风险和继任者的转型风险,并为关键岗位的继任者量身定制能力加速方案。华为人才盘点的重要目的是建立多梯队、多梯次的干部队伍,促使优秀后备干部源源不断地涌现,激发组织活力。

2. 阿里巴巴:盘点战场和阵型

在整个人才盘点过程中,阿里会**盘战场、定硬仗、看阵型**,这些提法都是为了促进战略盘点、组织盘点和人才盘点之间的一致和有效链接。在人才盘点会上,阿里规定业务单元的 HR 负责人不能讲,必须由该业务单元的负责人自己来讲。一个好的业务领导者就是最好的 HR,他必须对手下了如指掌。阿里还规定人才盘点会不是一场斯文安静的"汇报会",而是一场"校准会""吵架会",大家要深入、激烈地讨论,彼此对称信息,坦诚地相互质询。

3. GE:人才信息立体完备

在 GE 人才盘点会上,CEO 和其他与会者会采用同一种参考工具,用来呈现每名员工的绩效和潜能,他们的资料被压缩成一份由两页纸组成的文档后供大家讨论,其中包括职业背景/经验、可晋升程度/绩效评定、360度绩效反馈总结、优势/发展需求/可能的发展动向四方面。

4. 汉高:人才盘点不是孤岛

在汉高,人才盘点不是孤岛,而是一个完整的体系!在人才盘点之前,汉高重新定义了公司新的核心价值观:赢家文化(excellence is our passion),并将此作为新的人才标准。同时,它将人才盘点结果和薪酬激励、员工晋升、培训体系紧密结合在一起。不仅人才盘点过程公开,人才盘点的结果应用也透明,比如公司给予人才盘点中排名前 5% 的顶级员工的培训机会是去哈佛商学院参加领导力发展项目。

5. 奈飞:管理者的有趣拷问

奈飞要求管理者在人才盘点过程中思考以下问题:如果下属因找到更好的工作而辞职,你会比较轻松地接受还是会非常遗憾?奈飞把这个方法称为"员工去留测试"方法,这要求管理者在人才盘点中深度思考:我手下的员工里,如果有人要辞职去同行业的公司做类似工作，有哪些人是我会拼命挽留的？要辞职的如果不是这类员工，就让他们拿钱走人，这样才能空出位子，为团队找到明星员工。这就是奈飞公司在人才战略上的彪悍风范。

6. 今日头条：重新设定 offer

在今日头条，年度人才盘点被当成一个重新面试的过程。张一鸣要求各业务负责人重新思考：这个人如果重新加入，你会给他发一份什么样的 offer？如果你会给一个人发特别高级别的 offer，你就要考虑给他大幅度增加薪酬，因为他快速成长了。同样，如果一个人能力还有所欠缺，你是否还愿意给他发 offer，降级还是辞退？在人才盘点会上，今日头条希望各业务负责人非常理性地思考，避免"熟人溢价"。

7. 龙湖：人才盘点盘部门

龙湖把人才盘点扩展到部门盘点，以当前绩效和未来潜力两个维度，对公司的不同职能部门进行盘点，并对比分析，看看哪些部门需要采取什么样的组织发展策略和向什么方向进行变革提升。这样的部门盘点能够促进人才盘点从"个体视角"扩展到"集体视角"。

人才盘点的四大误区

早在 2009 年，阿里第一次做人才盘点，一直坚持到现在，年年都做，并持续迭代人才盘点方法论。反观很多企业，它们在推动人才盘点体系建设时，往往陷入项目化、形式化、权游化、孤岛化这四大误区中。

1. 项目化误区

我的很多客户就是这样的，他们轰轰烈烈地上马了一个人才盘点项目，做完一次项目之后，就放弃了，没有让人才盘点流程扎根到企业，也没有让人才盘点方法论成为每一个高管必须熟练掌握的方法。在这方面，大家需要向阿里学习，年年盘，同时年年复盘，让高管不断练习，越做越好。如此，才能真正建立起公司人才供应的长效机制，如阿里一样良将如潮。

2. 形式化误区

形式化误区主要体现在开人才盘点会时，很多业务负责人走形式，对下属的观察和剖析蜻蜓点水、浮于表面，缺乏对公司人才标准的深刻理解，简单粗暴地对人下结论。另外，体现在把人才盘点变成单一的人才测评，对人才的诸多理解又过于心理学化，导致人才盘点玄之又玄、脱离一线。

3. 权游化误区

一些企业误认为人才盘点是一场"权力的游戏"，不过是在打着人才盘点的旗号进行政治斗争、地盘划分。一些企业也把人才盘点变成为"夜壶"，用得着的时候拿出来，不用了就放回去，还有点见不得人，部分企业是关起门来悄悄搞人才盘点。同时，员工在公司内部的关系不仅是业务关系，人与人之间会产生更多的情感因素。人才盘点要改变这种"人才私有化"（我的人不能动）和"熟人溢价"（我的人要高评）的局面。

4. 孤岛化误区

一方面，人才盘点工作和业务部门互为孤岛，业务部门领导人参与少，不理解、不投入、不配合，导致人才盘点结果被束之高阁。另一方面，很多企业的人才管理体系缺胳膊少腿，诸如没有领导力模型、绩效数据不完善、薪酬体系不科学、培训发展模块不完备等，导致人才盘点体系成为孤岛，人才盘点结果既不科学也不公平，被束之高阁。

为了避免人才盘点孤岛化，我们提出了人才管理CARD模型，如图2-1所示。

在实施人才盘点前，首先要明确人才标准，即具备什么思维、素质和能力的人才能带领企业取得持续成功，现在的人才素质和未来的战略要求之间有什么缺口。阿里三板斧、六脉神剑和阿里味都是定义阿里人的标准。很多企业内部人才语言、人才标准不统一，最后导致人才盘点会上大家鸡同鸭讲。

在实施人才盘点后，要对人才盘点的结果进行综合应用，制定出晋升谁、奖励谁、调岗谁、培训谁、开除谁等一系列人事决策。阿里的人才盘点结果用价值观和业绩两个维度的2×2矩阵来呈现：阿里是赏明星，杀白兔（有人缘、无业绩），灭野狗（有业绩、无品德）并示众。

第 2 章 从战略盘点到人才盘点

- 企业目前的人才能力现状怎样？与能力标准之间有怎样的差距？
- 企业目前的人效和人才充足率如何？
- 如何才能识别有着潜能的人才，并针对性地留才、用才？
- 如何打造企业内部人才供应链，为关键岗位源源不断地提供人才？

- 具备什么思维、素质和能力的领导者才能带领企业取得成功？
- 企业未来的战略目标和现在的能力缺口及人才缺口是什么？
- 如何绘制领导者和专业人士的学习地图，通过内部发展缩小能力差距？
- 如何为新兴业务和战略转型储备适应未来的能力？

图 2-1 人才管理 CARD 模型

史玉柱曾与马云激辩兔子与野狗谁对公司的危害更大，最终被马云说服，认为兔子对公司的危害更大。因为野狗有坏人的行为表现时，周围的人会警惕、能察觉，同时组织也会迅速采取裁人行动，因此野狗造成的危害是短暂性的。

兔子尽管不出业绩，但是人缘好，老兔子又不断招聘小兔子和提拔小兔子，最后形成很大的"兔子窝"，霸占了岗位和资源。兔子窝也会联合起来把明星员工赶走，甚至诱导明星员工变成兔子。最后，整个企业慢慢走向组织惰怠，步入业绩平庸的下降通道。

进一步探询一下：兔子是哪里来的，谁把兔子招聘进来了？兔子窝一旦存在企业能否快速识别出来？能否把一些兔子培养成像狼一样的明星员工，换换岗位或激发动力？狼和兔子之间能否互相转化，如何避免狼沦落为兔子？人才盘点仅仅能够起到识别兔子和狼的作用，孤岛化的人才盘点模块效力甚微，必须将人才盘点置于整体的人才管理体系之中。

构建人才地图，提高人才充足率

早在2012年，我就在《人力资本管理》杂志上发表了专业文章《构建人才地图，提高人才充足率》，在业内率先提出"人才地图"和"人才充足率"的概念。在该文中，我讲到，在人才争夺战中，企业迫切需要一张张清晰精准的"人才地图"，这既是在人才争夺战中获胜的基本保证，也是制胜的关键策略！

企业要想在激烈的市场竞争中立于不败之地并脱颖而出，

第 2 章 从战略盘点到人才盘点

CEO 至少需要两张地图，左手"战略地图"，右手"人才地图"。战略地图指引如何攻城略地，在哪竞争和如何制胜；人才地图指引如何点兵点将，在哪儿排兵和如何布阵。

人才地图，通俗地说就是看人才全貌的一张地图。其表现形式很多，常见的形态就是人才九宫格，横轴是绩效维度（低、中、高）、纵轴是潜力维度（低、中、高）。阿里为了凸显企业文化，把纵轴换成价值观维度。也有企业根据行业特点进行调整，如阿迪达斯别具特色的"人才九宫格"，如图 2-2 所示。我们也可以将时间序列加入其中，以很好地展示继任计划的"板凳"多少和准备度如何。

现在，人才地图已经是平安集团的重大管理创新。平安集团约有内勤员工 40 万人，每个人都有一张属于自己的三维人才地图：一个维度是绩效排名、一个维度是岗位胜任度，还有一个维度是未来发展的动能。

这张个人才地图每年会更新两次，比较及时地体现出员工的成长轨迹。通过长期记录，形成每个员工的成长轨迹和能力发展曲线，一方面帮助员工明晰发展方向，自主成长；另一方面帮助用人单位很容易地筛选出适合某一岗位的人才。

平安集团根据人才地图将员工分为四种：绩效好、潜力高的将会被重点加薪，重点培训；绩效低、潜力低的将会被重点考察，两年内没有改善就会被降级、调离岗位，甚至开除；对处于绩效高、潜力低和绩效低、潜力高的"异常区"的员工则需通过培训、轮岗等方式将其拉回正常区域。

模块一 人才战略的终局思维

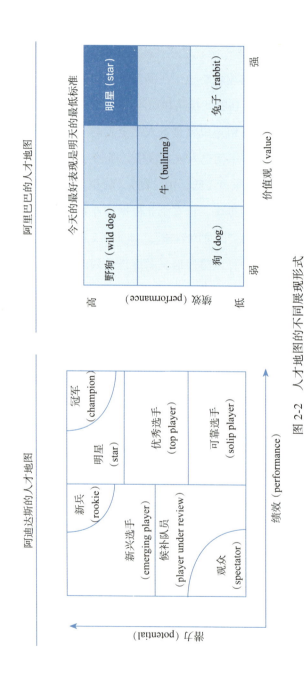

图 2-2 人才地图的不同展现形式

同时，平安集团也把人才地图变成了平安 HR-X 系统，使得一张地图可以轻松实现和他人比、和团队比的多方位比较。通过 HR-X 系统，可以实现岗位画像和员工画像的人岗智能匹配，大大激活了人才活力和组织活力。

截至目前，人才地图已在平安集团的各个专业公司中得到有效的使用，每年年度考核结束之后，各级经理和人力资源部都会用这张地图来盘点人才，寻找各团队中的高潜力人员，并进行有针对性的培养，保证平安集团的各个业务部门、各个管理层级的"人才充足率"持续提高。

今天，平安集团整体正在向"金融＋科技"和"金融＋生态"转型。凭借先进的科技优势，结合丰富的应用场景，平安集团已经孵化出平安好医生、平安医保科技、金融壹账通等多个创新平台。基于人才地图的聚集和流动是推动平安集团不断转型升级的原动力。正如平安集团首席人力资源执行官蔡方方所讲："人才是企业转型的胜负手，挑战主要来自四个方面：吸引人、升级人、替换人和融合人，这四个方面都做好，战略转型才能成功。"

人才循证：人才盘点的 15 个矩阵集

约翰·布德鲁（John Boudreau）在其所著的《变革创造价值：人力资源循证式管理》（*Transformative HR How Great Companies Use Evidence-Based Change for Sustainable Advantage*）中讲到，循证式人力资源（evidence-based HR）代表了面向未来的人才决

策思维模式和方法，要更多的事实和更多的视角，同时也需要更多的辩证。

人才盘点专家章森也写道："组织如同一座城堡，里面有很多人才，组织需要在城堡上多开窗，让更多的阳光照进来，看清楚每个人才。"的确如此，人才是很复杂的，不能用一个矩阵对人下定论。

人才盘点是一个持续循证的人才管理过程，要基于事实进行决策，需要定性和定量的数据，但并不是"用数据说话"这么简单。在人才盘点中，CEO不能局限于简单的测评报告和几个绩效数据，更需要明确的逻辑框架，还要看到更广阔的决策背景。

基于诸多研究和实践，我归纳和总结了人才盘点的15个矩阵，如图2-3所示。该矩阵集合模型充分体现了前面讲的"人才盘点不是为过去盘点，人才盘点是为未来盘点"，也充分融合了"个体视角"和"集体视角"，更是充分考量了广阔的决策背景，比如业务发展阶段和业务单元所处的外部行业背景。基于此，我更愿意将"人才盘点"称为"人才循证"！

鉴于本书不是一本人才盘点的操作流程手册，同时篇幅有限，在此我就不对每一个矩阵进行展开论述。CEO看到这么多模型，可能会倍感复杂和烦琐，想推动人才盘点的强烈意愿也许会消散。

之所以提出这么多模型，一方面是希望CEO能够站在更高层面上，以更加立体的广阔背景审慎地进行人才决策；另一方面也是昭示，人才盘点不必是一个短期项目或人才体系中的一个模块，它应该是CEO因工作需要，随时随地可用的方法论：在关键

第 2 章 从战略盘点到人才盘点

人才突然离职时可以使用人才盘点,在调整班子队伍时可以使用人才盘点,在并购企业时可以使用人才盘点……

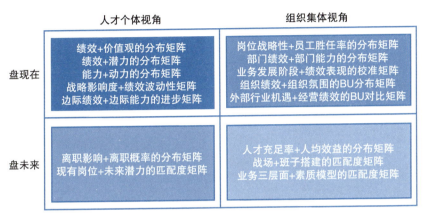

图 2-3 人才盘点的矩阵集合

在战略引领的人才盘点会上,我经常和高管一起探讨一个有意思的思考题。对于人才盘点的九宫格模型(见图 2-4)大家都非常熟悉了,一个维度是绩效,一个维度是潜力。人才盘点不仅仅是 CEO 的重要管理工具,各级管理者都需要熟练掌握九宫格模型,能熟练回答以下 3 个关键问题:

- 每个格子中有多少人?这些人有何特点?
- 有哪些原因导致某个人处于这个格子中?
- 针对不同的原因,我们在未来有何处理举措?

在如图 2-4 所示的九宫格中,所有人都认同高绩效和高潜力的 9 分位员工是公司最重要的 A 类人才,也认同低绩效和低潜力的 1 分位员工是公司最不需要的员工。我们还在图中定义了 5 分位，他们绩效中等、潜力中等。

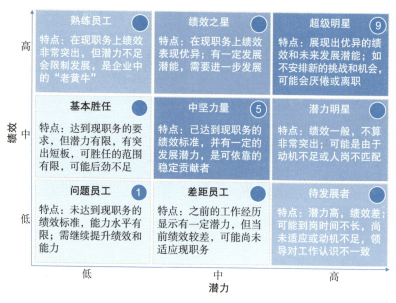

图 2-4 人才盘点九宫格测序图

给大家留一道思考题：在图 2-4 中，8 分位、7 分位、6 分位、4 分位应该在什么位置？为什么？

开展外部人才盘点，为人才去收购

管理大师悉尼·芬克斯坦（Sydney Finkelstein）在其著作《成功之母》（*Why Smart Executives Fail*）中分析了导致 CEO 失败的四大情境：创立新业务、应对创新转型、管理并购交易、应对新的竞争对手（特别是跨界打劫者）。

放眼一看，这四种情境相去甚远，但仔细分析，你就会发现这四种情境有一个共同的特点，即"新"：新业务、新领域、新技能或新游戏规则。这告诉我们，不论内部人才储备做得多好，不论是否缺人，都必须不断寻找外部人才，去填补公司已经迫切需要的"新能力"，避免公司在面对四大新情境时陷入"习得性无助"的失败状态。

基于此，企业不仅开展"内部人才盘点"，还要开展"外部人才盘点"。"盘点"这个词经常是和"存货"联系在一起的，如库存盘点、现金盘点等，这也让"人才盘点"这四个字给人留下着重于存量的印象。如果人才盘点仅仅关注公司内部、关注已有存量，就会导致下一年人才盘点时，仍在存量中倒腾，在封闭系统中导致公司的"人才充足率"不会年复一年地提高。

在产业转型期和战略转折点，针对与现有业务相似度较低的新业务和新领域，甚至存在内部再怎么盘也盘不出所需之人的情况，这时企业就必须通过外部人才盘点"外聘牛人"，短平快地解决人才瓶颈。

所以，CEO必须开拓周边视野（peripheral vision），关注自己行业以外的趋势，把外部优秀人才源源不断地吸引进来。人类的眼睛有95%的视网膜细胞用于周边视野，只有5%用于直视。对比想象一下你企业的周边视野：相比关注现在和内部人才，你花了多少资源关注未来和外部人才？

公司发展越迅猛，就越需要把视野放得更宽一些。如果公司是行业内的领先者，就有必要建立一个全行业的"顶级人才储备库"：系统、全面地掌握他们的分布、资历背景、薪酬信息、工作变动动机和意愿等关键信息。

麦肯锡早在1997年就提出了"人才争夺战"的概念。时间已经过去20多年了，人才争夺战压根就没有停息过。如果说有什么区别，那就是它变得更加激烈了，尤其对于正在开启国际化、进行战略升级、推进数字化转型、加大科技创新的中国企业来说！

在整个行业处于产业转型期之时，外部人才盘点和人才争夺战更富有战略意义，也更具有挑战，比如现在的汽车行业。外部人才盘点已经不是在本行业盘点了，周边视野要扩展到汽车行业之外，诸如电池储能行业、人工智能行业、出行服务行业等。这样一来，人才争夺战也就更加激烈了，因为你不是和其他汽车公司在争夺人才，而是要和谷歌、滴滴、百度这些互联网公司争夺人才。

在这种局面下，如何打赢人才争夺战？这就需要启动"人才收购模式"，即收购某一家公司的用意在于谋求人才，而不一定是产品或者服务。2016年，GM收购了无人驾驶技术初创公司Cruise Automation，获得了以凯尔·沃格特为首的无人驾驶技术团队。最成功的人才并购案例当属2005年腾讯并购了张小龙及其Foxmail团队，我会在第8章中论述这个案例。

面向未来，**卓越CHO不仅要成为人才专家，还要成为人才并购专家**。他们要掌握的新技能是：积极开展外部人才盘点，为公司遴选潜在并购标的，推动并购谈判和交易完成，然后开展并购后人才整合，监督每一个关键新成员的加入和融合。

模块二

Talent Strategy

人才战略的差异思维

第 3 章　Talent Strategy

影响战略成功的"关键少数"

一个志在有大成就的人,他务必如歌德所说,知道限制自我。

——哲学家　黑格尔

你想要员工怎样对待你的顾客,就应该怎样对待你的员工。

——四季酒店创始人　伊萨多·夏普

CEO 的思考题

1. 作为 CEO,你安排 HR 部门写一份面向未来的《人才战略规划》,很快 HR 就提交了一份《人才规划》,从标题上看就差了一个词"战略"。读完,你也发现 HR 写的《人才规划》就是传统的人力资源规划,推导了一下人力资源在数量和质量上未来的需求而已。你决定反馈一下,要求 HR 部门重新规划,你会如何反馈,提出什么具体的改进指引?

2. 在迪士尼乐园的管理层眼中,以下谁是决定战略执行成败的关键人才:(单选)

　　A. 米老鼠的装扮者　B. 清扫工　C. 游乐园设计师　D. 剧场演员

第 3 章　影响战略成功的"关键少数"

人力资源规划里面不一定有战略

前两章我们讲了很多"战略和人才"之间的链接，尽管反复提及"战略"，但是我们并没有涉及战略更深刻的本质含义。如果仅仅依据前两章的内容写一份《人才战略规划》，我更愿意把"战略"两字拿掉，称之为《人才规划》。

前两章所讲内容，尽管多次提及战略，但是并没有触及战略的本质，真正的"人才战略"，需要构建在对"战略"这两个词深刻的理解之上。不然的话，人才战略规划就很容易沦为传统的"人力资源规划"。

传统的"人力资源规划"通过构建很多复杂的、包括很多自变量的模型，来推导各部门、各层级、各岗位的人才数量需求和人才质量需求，以及各种人才结构的调整。基于此，最终完成一份定数量、定标准、定岗位、定编制、定薪酬预算、定人才供给的"六定"版本的人力资源规划。

遗憾的是，很多人力资源规划报告不过是一篇"规划八股文"而已，尽是历史数据的汇总统计、简单线性关系的数据推导、显而易见的最佳实践、行动清单的堆砌，要在近百张 PPT 中找到一些具有决定意义的战略洞见，犹如大海捞针。

在人力资源领域中，战略一词越来越流行，几乎每家企业的人力资源规划都会写上：密联战略、驱动战略、打造战略中心型组织等。无论是 HR 学术界还是 HR 实践界，"战略性人力资源管理"的提法已经深入人心。这个提法很好，大大提升了人力资源管理的"重要性",不过,尚未触及真正的战略本质。马利克教授一针见血地指出:**"几乎可以肯定地说,高管层使用'战略性'这个词的次数越多,他们所拥有的真正的战略就越少。"**

"战略性"人力资源管理,不过是"重要性"人力资源管理而已。在一定程度上,很多企业存在的问题并不是不重视战略,而是滥用了"战略"一词,战略一词的风靡盛行,大大降低了大家的战略思考能力!很多经理人,对战略的错误理解要远远多于对战略的正确理解。马克·吐温讲了一句名言:"对你造成伤害的,并不是你不理解的东西,而是你所了解的东西,并不像你所了解的那样。"战略,亦是如此。

人们对人力资源规划报告里面没有战略越来越习以为常,犹如鱼香肉丝里没有鱼、老婆饼里没有老婆一样。为什么会出现这样的情况?我想这与很多 HR 经理人缺乏系统的战略学习和战略体悟有关。他们是人力资源政策专家和沟通专家,并没有深入的战略管理实践经验,也没有系统学习过战略领域的专业知识,这也容易导致他们走入另一个误区:深陷于人力资源的烦琐事务中,**以运营思维替代战略思维,以运营上的勤奋掩盖战略上的懒惰**!

很多 HR 具有外部洞见,人力资源规划报告中也会加上很多时兴的未来趋势和管理流行语,诸如零工经济、生态组织、激活个体、敏捷组织、AI 机器人等。当然,其中也会有"人尽其才""知人善任""不拘一格降人才""得人才者得天下"等古训。这难以掩藏战略上的肤浅,肤浅就是反复论述显而易见的东西。

规划报告上的不断虚无时尚和故作高深，让很多企业的人力资源规划更加远离了战略本真。

马云会不会讲"人尽其才"这样的"正确的废话"？当然会，而且马云更以马老师的特有语言对人才管理提出了很多耳目一新的观点，比如"用人要疑，疑人要用"。任正非不仅会讲时兴的管理流行语，他本身更是一些管理流行语的提出者和推动者，诸如"组织之熵""少将连长""炸开人才金字塔尖"等。幸运的是，他们在人才战略这个话题上，并没有停留在这些古训和大道理上，而是在人才管理体系上求精进，在人才管理方法上求落地。

承接前两章，我将在接下来两章中深度探询战略的本质，基于理论、方法论对"人才"和"战略"的密联逻辑进行实践上的论述，推动人力资源规划从传统的"六定"版本走向战略的"四步"版本，如图 3-1 所示。后面，我们将围绕人才战略四步方法论中的关键要项展开论述。

战略有高下之分，更有好坏之分

没有哪家企业会主动承认自己没有战略，所有的企业几乎都会异口同声讲我们"有战略"。如果你进一步追问，他们也许会道出一些实情，比如"我们有战略，但是我们的战略还不够细化清晰""我们有战略，但是我们的战略执行得不好""我们有战略，但是我们的战略还不够全面"等。

模块二 人才战略的差异思维

	未来战略地图（关键词：澄清）	核心能力地图（关键词：定义）	关键人才地图（关键词：配置）	构建F4组合（关键词：体系）
	• 战略大图：去哪里和如何去 • 战略定位：在哪竞争和如何取胜 • 三大客户价值主张的战略取舍 • 增长机遇下的新业务有哪些	• 列出可能的核心组织性能力，进行三大测试 • 确定3～5项核心组织能力 • 厘清每项传导逻辑 • 定义提升阶段的目标价值和衡量指标	• 推导每项核心能力下的战略性岗位 • 盘点现有人员和战略性岗位的匹配性 • 优化人才配置，A类人才配置到A类岗位上 • 为新业务选配领军人物	• CEO、CMO、CFO和CHO搭建F4组合 • 围绕关键少数搭建人才管理体系 • 打破人才私有化，构建统筹调机制 • 提升业务领导人领导明星员工的能力
战略盘点	组织和战略的一致性评估	从战略能力到能力战略的推导	评估新业务的战略属性和层面定位	提升F4战略罗盘和战略共识
组织盘点		评估三要素和组织能力的适配度	面向新战场、新业务，定义新增的组织能力	提升F4组织发展的投入度和方法论
人才盘点	面向战略终局的人才缺口盘点			提升F4对A类人才的识用育留能力

图 3-1 人才战略四步方法论

他们道出的实情也许是对的,但是在大多数情况下,"我们有战略"这个认知才是最大的伪命题!"我们有战略"往往有的不过是一个"坏战略",并不是一个"好战略"。一直以来,战略的重要性并没有降低,只不过,太多"坏战略"的存在毁坏了战略的名声。

好战略、坏战略不仅指向一个企业,更是指向特定时空背景下的、具体的战略行动。从整体而言,腾讯的战略是"好战略",但是具体到腾讯微博上的战略行动是一个"坏战略"。过往10年,中国地产行业高速成长,碧桂园的"高周转"是好战略;未来10年,时空背景切换,碧桂园曾经的好战略就有可能沦为坏战略。

判定坏战略的重要标准就是和竞争对手在同一维度上竞争,以和竞争对手同质化的战略动作去对抗竞争对手。曾经的腾讯微博采取一系列战略行动就是坏战略,导致其在和新浪微博的竞争中没有取得胜利。

马化腾在清华大学全球管理论坛上的一场演讲中,反思了当时腾讯微博的战略,他讲道:"同样的产品是没有办法去战胜对手的,你只有做一个完全不一样的东西才可能解决这个问题。"后来的事实是,战胜新浪微博的不是腾讯微博,而是微信。一句话高度概括马化腾的战略复盘:好战略创造差异化,坏战略导致同质化。

在很长的一段时间内,苹果公司都深陷"坏战略"的经营困境,整个公司在IBM、戴尔的夹击之下节节败退,产品同质化、毫无特色,导致亏损近10亿美元! 1996年12月17日,苹果收购 NeXT，乔布斯重回苹果！

乔布斯回归苹果的"第一把火"就是拍了一部他一生最喜欢的广告片《不同凡想》(Think Different)。爱因斯坦、马丁·路德·金、毕加索等出现在广告中。现在，让我们一起欣赏一下《不同凡想》的经典广告词：

向那些疯狂的家伙们致敬，他们特立独行，他们桀骜不驯，他们用与众不同的眼光看待事物！他们不喜欢墨守成规，他们也不甘愿安于现状。你可以赞美他们、反对他们或是诋毁他们，但唯独不能漠视他们，因为他们改变了世界。

乔布斯说："我们只用了 30 秒或 60 秒，就重建了苹果在 20 世纪 90 年代丢失的与众不同的形象。"这个新广告充分反映了乔布斯强大的战略思维：只有想得与众不同，才能创造与众不同，与其相同，不如不同。

好战略不是"做得相同"，而是"做得不同"！很多公司经常自豪地宣称他们的战略是成为行业里"最好的公司"，他们的产品或服务是"最好"的！你会经常听到类似的战略宣言，你自己也许也说了不少。这些言谈激情四射，却反映出一些高管层在战略认知上的浅薄。

这涉及两种不同的战略思维：做得更好（竞争趋优）还是做得不同（竞争求异）？这两种思维左右着我们如何思考竞争，决定了我们如何行动，如表 3-1 所示。

追求"做得更好"，我们的关注点是竞争对手，看我们的竞争对手怎么做，我们就怎么做。这只能使我们和竞争对手靠得最近,但是无法超越他,也容易让我们慢慢失去对客户的关注。把超越竞争对手变成我们竞争的目的,带来的结果经常是"同质化"。

表 3-1 两种不同的战略思维

竞争求异 (competition to be unique)	竞争趋优 (competition to be best)
价值 (values as a cluster of differences)	价格 (as the only differentiator)
关注客户需求 (creating superior values)	关注竞争对手 (matching rivals)
竞争多元化 (divergence)	竞争同质化 (convergence)
共赢 (positive-sum)	零和 (zero-sum)
众好 (multiple best)	最好 (only best)

注:该表思想源于迈克尔·波特的《什么是战略》,由京东首席战略官廖建文完善。

正如谷歌创始人拉里·佩奇所言:"如果你把注意力放在竞争对手身上,那你绝不会实现真正的创新。当你与竞争对手为了几个点的市场份额争得不可开交时,半路往往会杀出一个不在乎市场份额的人,他用全新的游戏规则颠覆整个游戏。"

客户价值主张的三大类型

竞争趋优会导向模仿,竞争求异才能导向创新。好战略不是逼近对手，而是为目标客户创造独特价值，传递与众不同的产品或服务，这样我们就能以战略重新定义整个行业，正如苹果重新定义手机行业、美团重新定义社区服务行业一样。总而言之，战略的起点是客户，并不是竞争对手！

哈佛商学院教授卡普兰在其专著《战略地图》一书中也讲到，任何战略的核心构成都是客户价值主张（the customer value proposition）。客户价值主张确定了公司在吸引、保留目标客户和深化客户关系方面，是如何实现与竞争对手的差异化的。卡普兰教授的研究发现，尽管清晰定义客户价值主张是制定好战略最重要的一步，但仍然有大约3/4的管理团队并没有就这一观点达成共识。

卡普兰教授定义了三种类型的客户价值主张：

- 卓越运营（operational excellence）。代表企业有麦当劳（高效交付）、好市多（低价格）、丰田汽车（高性价比）。
- 客户亲密（customer intimacy）。代表企业有埃森哲（全面解决方案）、奈飞（会员绑定AI推荐）、诺德斯特龙百货。
- 产品领先（product leadership）。代表企业有苹果公司（产品设计）、爱马仕（品牌形象）、四季酒店（客户服务体验）。

战略就是取舍，就是选择不做什么，只有知道要放弃什么，才能说明你有战略！采取好战略的公司会进行战略取舍，选择在一项客户价值主张上做到出类拔萃，构建护城河。战略平庸的公司会面面俱到，不做战略取舍，导致没有一项价值主张能够做到行业内的领先水平，毫无竞争优势可言。

好战略不仅要回答：我是谁、到哪去、如何去，还要回答"在哪竞争"和"如何制胜"。其实，战略的定义可以非常简约，即战略＝"战"＋"略"：战就是决定"在哪竞争"，略就是决定"如何制胜"。

CEO作为战略家，不仅要有计划，更要有计谋，战略是一场关于智力和韬略的角逐！我们把"战"＋"略"两个维度交叉一起，可以构成一个开放式矩阵，沿着这两个坐标轴，深入思考清楚，就可以实现战略差异化。

- 战不同，略相同："在哪竞争"实现和竞争对手差异化。
- 战相同，略不同：战场相同，但是制胜的作战手段不同。
- 战不同，略亦不同：在"战"＋"略"这两个要素上全部实现差异化。

10年前，没有人将ARM和英特尔相提并论，因为两家公司的差距实在太大。现在，在移动智能时代，ARM以充满智慧的"战"＋"略"矩阵完胜英特尔。

- 在哪竞争：ARM定位在移动手机战场，而英特尔的优势战场是个人计算机，ARM有效错位，进入到英特尔的次级战场和边缘市场中。
- 如何制胜：ARM以低价格、低能耗对抗英特尔的高价格、高能耗，这一竞争优势与智能手机、平板终端和游戏机等便携终端非常匹配。ARM 服务器的最大优势是，可节省 89% 的能源，可缩小 94% 的占用空间，可降低 63% 的总成本！

在军事上，战略的定义是针对敌人确立最具优势的有利位置（position），故有"定位定天下"之说。好战略可以让企业做到《孙子兵法》所言的"先胜"和"易胜"。将帅无能，累死三军，讲的就是将帅制定了"坏战略"，消耗了太多资源仅获得微小的胜利，让企业深陷"难胜"的被动局面，甚至是走向"完败"破产。

鲁迅先生给我们留下一句名言："地上本没有路，走的人多了，也便成了路。"这句话用在战略上却是非常错误的，在战略上是这样的："世上本来有路，走的人多了，便无路了。"

四季酒店一样的零售店：客户和员工

早在 2001 年 5 月，第一家苹果零售店在弗吉尼亚州开业。当乔布斯提议进军零售店领域的战略设想时，没有董事会成员同意，他们反对的理由很充分：捷威（Gateway）计算机在开办 200 家郊区零售店后走向了衰落；亚马逊正在疯狂扩张，消费者的购买习惯日益电商化；苹果的产品太单一，当时苹果仅有四款产品。最后一次讨论时，乔布斯已经换掉了大部分董事会成员。

当时，开零售店的固有思维是：郊区租金便宜，顾客买电脑，情愿开车去较远的地方，享受价格实惠。乔布斯的"不同凡想"

是：苹果的零售店要开在最繁华的街区，不让顾客开车跑10公里来看我们的产品，而是在10步之内就看到。早在1999年，乔布斯就开始秘密面试来自零售业的高管。乔布斯的面试题目并不是"如何建立一家更好的零售店"，而是"苹果如何彻底改造零售店的模式，建立一家与众不同的零售店"。

这个面试题，的确非常难回答。因为当时苹果仅有四款产品：两款便携式电脑和两款台式电脑，采用零售店的方式售卖，商品品类单一，产品款式太少。一些候选人反问："偌大的店铺难道就摆放几台待售的电脑吗？"

来自塔吉特（Target）超市的高管罗恩·约翰逊的回答打动了乔布斯，他说："既然没有足够多的产品来摆满零售店，那我们就创建一个像四季酒店一样的零售店。酒店的服务人员并不销售任何产品，他们是负责服务和提供帮助的。"像四季酒店一样的差异化战略让苹果零售店获得了巨大的成功。现在，苹果零售店每年的营业收入大约为743亿美元，苹果有506家零售店、约7万名零售员工。

四季酒店的客户价值主张是什么？答案是产品或服务领先，打造卓越体验的客房和服务。谁是这些完美客户体验的交付者？答案是四季酒店的一线服务员。四季酒店创始人的名言就是：**你想要员工怎样对待你的顾客，就应该怎样对待你的员工。**因此，四季酒店把"待人如己"奉为最高的管理原则，充分尊重员工，大力赋权、赋能于员工，激发他们的服务热情，以造就最佳客户体验。

四季酒店的实践告诉我们，关键人才和客户价值主张要匹配，人才管理和战略定位要有一致性和匹配度。以此类推，苹果零售店的关键人才也是一线店员，对于这些人才的有效管理是"好战略"的关键构成部分。

下面，我们来看一看苹果零售店是如何推动人才管理和战略定位保持一致性的。

- 价值观塑造。苹果教导一线店员要"盯着消费者的心，而非钱包"，其价值观：不是销售，而是帮助顾客解决问题。与价值观导向相匹配，苹果店员没有销售任务也没有销售佣金。
- 岗位名称。苹果零售店的岗位名称也非常"魔性"，让所有店员仅听到它就会富有工作上的成就感：专家（specialist）、培训师（creative）和天才（genius）。专家为有疑问的客户介绍、答疑，培训师对高端客户进行私人培训，天才开展技术分享或公共培训。
- 员工招聘。店员招聘极其严谨，目标对象是具有一定学历、热爱科技新潮产品的年轻人，从网申到录用需要经过8个精心设计的面试环节。同时，苹果会给优秀店员派发"引荐卡"：如果他们在餐厅看到有潜力的服务员或是碰到了不错的销售，可以把引荐卡交给他们，鼓励他们来苹果应聘。成功的举荐者会得到一笔 500～1000 美元的奖金。
- 人才激励。苹果零售店有为期两年的管理培训生项目，优秀学员有机会到海外轮岗，被提升为店长。工作满五年的老员工在周年之时会收到 CEO 库克亲手颁发的匾额，上面刻有乔布斯的签名。从 2015 年开始，苹果为零售团队派发限制性股票（RSU）作为长期激励，每三年就有一次。此前，RSU 仅向高级管理层和技术工程人员提供。

战略一致性：差异化战略，差异化人才

《财富》杂志在 2009 年这样评价乔布斯："企业家若能重塑任何一个行业，已堪称毕生成就。然而，能够同时改变四大现有行业，乔布斯是史无前例第一人"。的确如此，乔布斯以**"差异化、与其相同不如不同、为客户打造独特价值主张"**的战略思维高歌猛进，重新定义了四大行业：个人计算机（PC）、音乐、电影及手机。

不久之后，大家就发现《财富》的评价是不准确的，它漏掉了一个行业：乔布斯还重新定义了零售业。让我们沿着零售业这一线索继续探询下去，再看看另一家典范企业：诺德斯特龙百货。我曾经在波士顿住过三年，我家附近有一家诺德斯特龙百货，几乎每个周末我都会带上家人去逛一逛。

诺德斯特龙百货的战略定位是"客户亲密"型，公司这样描述其客户价值主张：当顾客走进诺德斯特龙百货的时候，他是在寻找能够帮助他的人，他要出席一个重要的场合，如重逢聚会、

婚礼或升职仪式,在这一重要时刻,他需要展现最好的模样和状态,他需要我们亲切而专业的服务。

为了传递这样的客户价值主张,诺德斯特龙百货的一线店员必须了解当前的流行时尚,能够协助顾客呈现出最好的模样。在顾客眼中,他们是时尚专业人士,而不是普通的店员。同时,高压销售策略与诺德斯特龙百货的文化背道而驰,这就需要诺德斯特龙百货的店员必须掌握更高难度的"无感销售技能":深入了解消费者,润物细无声,在对的时机提供对的商品。我们在第1章中讲到,诺德斯特龙百货最佳售货员的销售额至少是其他百货公司普通售货员的8倍。

诺德斯特龙百货、苹果零售店、沃尔玛和苏宁电器的店员,都是零售业的一线基础员工,并不是传统的高知员工和高薪员工,对于很多高潜人才而言,店员这一岗位并不具有高吸引力。这四家公司在店员的能力要求、薪酬水平、招聘渠道等方面差异很大。

诺德斯特龙百货会去哪里招募一线店员呢?诺德斯特龙百货显然不会到沃尔玛去找候选人,他们会到五星级酒店寻找优雅的前厅接待人员,以及一些服装设计爱好者。诺德斯特龙百货不会雇用那些只是需要一份工作的人,它要找的人必须对时尚有兴趣、了解时尚,在乎自己的外表,同时也关心别人的外表。

一线店员是诺德斯特龙百货的"关键人才",他们的技能水平和服务态度决定了其战略定位能够成为现实,这就需要诺德斯特龙百货打造一个类似苹果的8轮面试、层层筛选的店员招聘流程。而沃尔玛和好市多的店员招聘流程绝不会这么复杂，也不会得到精心设计。

这些零售公司之间的店员薪酬差异也很大，苹果店员的时薪为 20～30 美元，而好市多店员的时薪是 14 美元。好市多店员更关注卖场的商品库存、堆放整理等，和物品打交道的时间远远多于和顾客打交道的时间。

为什么诺德斯特龙百货和苹果零售店如此重视一线店员，沃尔玛和好市多却没这么做呢？ 因为战略定位不同，诺德斯特龙百货和苹果零售店采取的是高价值的客户亲密战略，而沃尔玛和好市多采取的是低成本的卓越运营战略。

沃尔玛和好市多的战略要靠谁去落地执行？显然不是一线店员，他们的技能水平和服务态度对整个公司的低成本的卓越运营战略的影响微乎其微，因此一线店员不是关键人才。那么，谁才是沃尔玛和好市多战略落地的关键影响者呢？答案是卖场品类的采购者。相对于一线店员而言，沃尔玛和好市多把人才招聘、薪酬福利、培训发展的重心和配比都放在了这个战略性岗位上。

关键人才和重要人才有何区别

在前面，我们提出了一个新概念——"关键人才"。在很多企业的战略规划报告和人力资源管理文件中，我们经常看到关键人才、重要人才这两个词，几乎没有人对这两个词做出严谨的区分，大多混同使用。

在我看来，"重要人才"（importance talent）让公司成为行业里的企业；"关键人才"（pivotal talent）让公司成为行业里不一样的企业。对于所有航空公司而言，重要人才都是飞行员和机长，没有这些人才，航空公司就无法成立。人才争夺战主要指向"重要人才"，因为整个行业都需要这些人才。围绕"重要人才"构建和配置人力资源管理体系，是很多企业的常规做法。

重要人才不是针对具体企业而定义的，是针对整个行业而定义的，所以趋于同质化。对于诺德斯特龙百货、苹果零售店、沃尔玛和好市多而言，它们都属于零售业，整个行业的重要人才都是"供应链管理"人才和"店面选址"人才。这四家公司，无论其战略定位的差异有多大，它们的人力资源部门都会在这些岗位上倾注资源和精力。

卓越的公司不仅在"重要人才"上倾注资源和精力，还在"关键人才"上倾注更多的资源和精力。因为"关键人才"是支撑公司实现战略差异化的人才，可以让公司成为行业里与众不同的企业。在同一行业中，"关键人才"的差异很大，一线店员是诺德斯特龙百货的关键人才，而不是好市多的关键人才，两家公司针对一线店员的素质标准、培训投入和薪酬水平必然差异巨大。

在战略研讨会上，关于关键人才的概念，很多管理层会问我以下3个常见问题。

1. 关键人才难道不应该是高知或高管

HR管理往往根据胜任力模型、经验职级或学历等方面来判断员工是否属于人才,以至于关键人才在很多人眼中都是高学历人士、高科技人士或高层领导者。HR管理的关键缺陷在于,他们都以"人"为出发点,而不是以"战略"为出发点。

以人才战略的新视角看,关键人才不是由人才的表面特征、胜任力模型或管理层级所定义的,而是由公司的战略定位、客户价值主张来定义的,关键人才的判断标准仅是对战略的直接影响和最大贡献。关键人才可能存在于企业的任何一个层级中,有些看似不起眼的岗位,往往是企业领先于竞争对手的关键所在。

2. 如何找到公司的"关键人才"

如果你所在的公司,在战略上没有差异化定位,没有明确的客户价值主张,那么关键人才是无法定义的。想找到关键人才,就要从战略定位出发,回答以下3个关键问题即可。

- 真正创造战略差异化的是哪些员工?
- 直接决定我们客户价值主张的交付水平的是哪些员工?
- 真正左右我们战略财务绩效水平的是哪些员工?

我在下一章中会介绍更加详细的方法论。永辉超市的战略定位是主打生鲜品类,客户价值主张是卓越运营,其关键人才也是"一线店员"。如果店员的工作状态是"当一天和尚敲一天钟",那么他们码放果蔬时就会随意乱丢,顾客不喜爱受过撞击的果蔬,很快形成损耗,损耗率自然就非常高。一线店员不仅左右了战略财务绩效水平,也决定了客户价值主张的交付水平。

3. 找到"关键人才"怎么办

很多企业都会围绕着显而易见的"重要人才"构建人才管理体系，而容易忽视并非显而易见的"关键人才"。**针对"重要人才"，企业面对的是一场人才争夺战；针对"关键人才"，企业面对的是一场人才经营战。**围绕"关键人才"构建人才管理体系，优先确保在战略性岗位上配置了合格人才乃至明星人才，并通过差异化管理手段，最大限度地激发关键人才全力创造价值的热情，同时公司也要大力为关键人才分配价值。

向关键人才倾注精力和强化配置，是"好战略"公司的必然选择。永辉超市就是如此，它创新推出了针对一线店员和店长的"合伙人制"，围绕关键人才强化激励，让永辉超市在行业内创造了高周转、低损耗的绝对竞争优势（详见第 6 章）。

绩效波动性：绩效收益率曲线

南加州大学教授约翰·布德罗是全球著名的人才管理专家，他写了一本书《超越人力资源管理》（*Beyond HR*）（此书由哈佛商学院出版社出版，中文版由商务印书馆出版）。在这本书里，布德罗教授为我们分享了一个迪士尼的案例。布德罗教授的分享是从一道选择题开始的。

在迪士尼乐园的管理层眼中，以下谁是关键人才？
A. 经典动画形象米老鼠的装扮者

B. 清扫工

C. 游乐园设计师

D. 剧场演员

要做对这道选择题，需要从迪士尼乐园的战略定位出发。迪士尼乐园的客户价值主张是"地球上最快乐的地方"(The Happiest Place on Earth)，希望用与众不同的快乐体验让孩子开心、让家人愉悦。迪士尼管理层使用频率比较高的词是梦想、快乐、兴奋、想象、魔力等。迪士尼乐园的新人培训教材里写道：

每一个人都知道麦当劳做汉堡包。迪士尼做什么呢？我们做的是让大家快乐，不管是谁、说什么语言、从事什么行业、是什么肤色，我们来这里就是要让他们快乐。我们雇用的不是职员，而是演员，每一个人都在迪士尼乐园的舞台上表演，岗位职责就是我们的"角色"和"剧本"，上班是"在舞台上"，下班是"在后台"。我们在迪士尼乐园里会疲倦，但是，永远不能厌烦，即使这一天很辛苦，我们也要表现出快乐的样子，必须展现真诚的笑容，必须发自内心……如果什么东西都帮不上忙，请记住：我是领薪水来微笑的。

读到这里，布德罗的选择题的正确答案应该是什么呢？很多人会全选，毕竟他们都是迪士尼客户价值主张的传递者，是迪士尼差异化战略的落地者。布德罗教授为我们引入了"绩效收益率曲线"(performance yield curve)的概念，更加严格地对关键人才进行了定义。基于新概念，这道选择题不是多选题，而是单选题。

迪士尼乐园非常大、演出多、景点多，还面对暑期炎热、游客排队时间长、每个家庭游玩的动线完全不同（全部游玩至少需要两天时间）等难题，客户价值主张完美交付对于迪士尼而言，是一个非常大的挑战。迪士尼绘制了客户体验旅程（customer journey map），明确提出了一个具体的战略目标，即在整个游园旅程中，实现顾客愉悦时间的最大化。

那么，哪些关键人才会对这个战略目标的达成有最大的影响呢？他们的交付水平不高，或者绩效波动大，就会导致战略目标的达成度波动很大。这些人才的工作成效好，就会让整个客户体验旅程的最佳体验时间更长；反之，则会带来加倍的客户体验贬损。

我们使用"关键"（pivotal）一词来描述资源投入的边际效应（marginal effect），即输入端的一点点小改变，就能引起输出端非常大的改变，这就是"策略行动杠杆"的含义。我们对比一下汽车的轮胎和内饰，以更好地理解"关键"的含义。没有音响系统和液晶触摸屏，你照样可以开车，但是没有轮胎你就无法开车，因此轮胎是重要的。但是在达到安全标准之后，轮胎的边际改进空间就微乎其微了，你不会因为某汽车品牌使用的轮胎好而选购该品牌。汽车内饰却是很多人选购汽车的"关键购买决策因子"。

换言之，哪些人才绩效的"边际改进"会最大化地带动战略目标达成"边际改进"，这就是"绩效收益率曲线"的具体含义。该曲线能清楚地说明某个岗位绩效提升的回报率，即某个岗位绩效提升能为公司创造边际价值增加的程度。

迪士尼乐园的人才战略

迪士尼在做了深入研究之后,做出了出人意料的选择,它并没选我们想象中的"米老鼠"、游乐园设计师和剧场演员,而选了清扫工。我们对比分析一下"米老鼠"和清扫工,如图3-2所示。

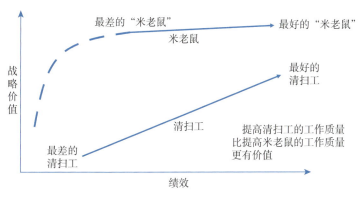

图 3-2　绩效收益曲线示例

资料来源:约翰 W 布德罗,彼得 M 拉姆斯特德.超越人力资源管理 [M].于慈江,译.北京:商务印书馆,2012.

"米老鼠"是重要人才,但不一定是关键人才。"米老鼠"的绩效收益率曲线很高,是重要人才。但是,"米老鼠"的工作内容是完全标准化的,身穿米老鼠戏装的人在工作时总是由一个督导人员陪伴着,他们和顾客之间的互动很固化,几乎不需要灵活应变,其工作技能很单一。

绩效最好的"米老鼠"与绩效最差的"米老鼠"之间的波动并不大,"米老鼠"的"边际改进"空间几乎不存在,因此他们不是战略落地的关键约束因素，不是关键人才。清扫工却完全不同，其绩效收益率曲线相当陡峭，这意味着清扫工绩效的"边际改进"会对迪士尼关于客户体验的战略目标产生很大的影响。

清扫工所需工作技能比"米老鼠"更多样化，同时他们和顾客之间的互动场景与互动内容也非常多而复杂，这就需要清扫工具有很强的灵活应变能力。他们不仅要学会如何扫地，掌握诸多品牌相机的拍照技巧，掌握包尿布等照顾孩子的方法，还得会做应急处理（当孩子跌倒或老人心脏病突发时）。

清扫工既是活地图，做到对迪士尼乐园的布局了如指掌，能轻松应对游客询问洗手间、景点等情况；也是翻译机，要掌握一些常用句的多语言版本（包括为聋哑游客提供手语服务）。迪士尼的清扫工实在不是一般的清扫工，他们是迪士尼的服务大使，只不过是手持扫帚而已。哪些人才绩效的"边际改进"会最大化地带动战略目标达成"边际改进"？显然是清扫工。

当"米老鼠"的绩效达到必要标准后，应该将更多的资源配置给清扫工。很多清扫工是兼职人员，有些尽管只兼职两个月，迪士尼也要用三天的时间来培训他们，整个培训内容多样，倒好像是在培训游乐园园长。

布德罗教授提出的"绩效收益率曲线"概念，对关键人才的定义更加严格：**除了看"战略一致性"以外，还需要看"绩效波动性"**。在迪士尼，"米老鼠"和清扫工这两个岗位都具有战略一致性，"米老鼠"这个岗位技能单一、绩效稳定，其"边际改进"空间不大，而清扫工这个岗位的绩效边际改进空间很大。在绩效波动性高的岗位上，低绩效员工与高绩效员工的绩效差别非常大，用错人的代价很大，会直接影响到某些关键战略目标的达成。

和布德罗教授不同，卡普兰教授所定义的关键人才，具有一定的广义性，仅从"战略一致性"来看，哪些岗位的员工在交付公司的独特客户价值主张，实现了公司差异化的战略。如果让卡普兰教授做关于迪士尼的关键人才的选择题，他会全部选上。

卡普兰教授不仅为我们定义了三大类客户价值主张，还在其《评估无形资产战略准备度》一文中提出了"战略性岗位群"（strategic job family），即在这些工作岗位上，拥有卓越技能的员工能够对公司的战略落地产生最大影响。

本章前面论述了一线店员是诺德斯特龙百货的关键人才。当然，仅仅靠一线店员这个岗位并不能完全实现诺德斯特龙百货战略的成功，整个组织系统还需要拥有时尚买手、敏捷快速的供应链管理、店面场景设计等方面的战略性岗位群。

2%岗位：影响战略成功的"关键少数"

卡普兰教授和布德罗教授尽管在关键人才的定义上有广义和狭义之分，但是他们都非常认同这一点，即"关键少数"决定了战略的成败。人才战略规划的重要目的之一就是：推导识别出关键少数，让关键少数担负关键责任，让关键少数发挥关键作用。

对于充满组织活力、人均效益很高的公司而言，所有的岗位和员工都是重要的，否则公司就应该精简组织结构，裁撤冗员。公司也许需要软件工程师、采购人员、生产主管、产品研发人员、物流配送人员，要确保所有岗位的贡献都能提高经营绩效。但是，各个岗位对战略成功的贡献各不相同，有些岗位的工作对战略的影响远远大于其他一些工作。CEO 必须找到那些对战略成功产生最大影响的少数关键工作。

"关键少数"身处关键位置、关键领域、关键环节，是公司战略的推动者和落地者，抓好"关键少数"是推进公司战略能力向核心竞争力、超级竞争者全面纵深发展的突破口。那么，"关键少数"到底有多少呢？

拉姆·查兰和麦肯锡原全球总裁鲍达民的新著 *Talent Wins* 给出了一个经验数据：2% 岗位。他们写道："关键的 2% 岗位上的人才对业务的影响最大，起着四两拨千斤的作用。2% 是一个参照值，在一些大企业，关键 2% 岗位上的人才可能多达 200 人。请注意，这些人可能存在于组织架构中的任何层级和部门，而不只是在高层领导岗位上。"

CEO 的关键工作在于抓住"关键少数"。CEO 应对"关键少数"予以充分有效的关注、任用、培养和部署，对他们绩效要求更严一些、薪酬激励更高一些、人才管理更细一些。最后，关于如何发挥关键少数的关键作用，如何打造战略引领、人才驱动的卓越组织，我给 CEO 以下三点行动上的建议。

- 在短期上，评估关键人才的战略准备度（strategic readiness）。

厘清关键岗位和"好战略"之间的逻辑关系和传导链条，在从澄清公司战略到识别战略性岗位的过程中，要同步将关键人才的岗位职责和能力模型要求推导出来。基于此，精准定义关键人才的能力要求和数量要求，详尽评估现有人才与公司战略之间的契合度和就绪度，确保关键人才的"人才充足率"处于较高水平上。

- 在中期上，锁定关键人才绩效加速的突破口，变革图强。以 2% 的岗位为工作抓手，以"关键少数"示范带动"绝大多数"，快速响应和加速推动组织的变革进化。同时，在有限的时间和资源的约束下，优化人力资源的差别化配置，招聘计划、薪酬预算向 2% 的战略性岗位大力倾斜。让有限的资源投入实现最大化的边际改进，以较少的人工成本投入获得较大的经营绩效回报，"四两拨千斤"，可以将"人均效益"加速提升到行业领先水准。

- 在长期上，构建以战略为导向、差异化的人才管理体系。围绕战略性岗位的岗位职责和能力模型要求，修订招募任用标准、绩效考核指标、薪酬激励水平等。通过差异化的"选、用、育、留"等管理手段最大限度地激发关键人才的价值潜能和企业的人才吸引力。持续进行人才盘点和人才结构优化，优先确保关键岗位上配置了明星人才。CEO 要像重视资本配置那样重视关键人才的配置，像了解财务状况那样了解关键人才的储备。

人才战略规划：从最大化走向最优化

正如我们前面提到的，人们不会因为某汽车品牌的轮胎更好而去选购该品牌的汽车，与轮胎相比，汽车内饰才是汽车的"关键购买决策因子"。因此，汽车厂商在战略规划中，不会做出"抹花生酱"的规划。假设一家整车厂商为了更好地匹配其"产品领先"的客户价值主张，决定把每辆整车的成本提高5万元，将这5万元投入在轮胎和内饰之间分配，明智的战略决策肯定不是平均分配，而是多多配置到汽车内饰上。这就是战略决策中的"细分"概念。

如果我们要新增5亿元的营销投入，那么明智的决策也不是"撒胡椒面"，而是对区域或客户进行"细分"，找到最关键的目标区域或目标客户群，重点投入。这就是市场营销学里面的"客户细分"概念。

通过细分，我们才能够找到"关键"。所谓的关键就是边际效应的最大化。同样的投入，投入到轮胎改进上所创造的价值产出，要远远低于投入到内饰改进上所创造的价值产出。边际效应最大化其实是"最优化"，因此企业不必面面俱到、普遍提高，CEO仅仅需要在"边际效应最大化"上做投入，四两拨千斤，实现小投入、大回报。

公司财务学的发展，就是从简单"最大化"向理性"最优化"的持续探索改进。曾经CEO追求"利润最大化"，结果是用过量的资本去追逐更多高利润业务，尽管实现了利润最大化，但是导致了较低的资本回报率或较高的财务杠杆。后来的净资产收益率（ROE）公式和经济附加值（EVA）概念告诉我们，要在资本结构和资本成本的约束下，追求"利润最优化"。最近几年，很多公司由于没有从最大化决策转变为最优化决策，制定了"坏战略"而盲目扩张，在经济增速下降、宏观政策鼓励降杠杆的背景下，这些公司开始深陷经营困境，甚至走向破产。

人才战略的突破性发展就是把市场营销中的"客户细分"概念和公司财务中的"最优决策"概念引入到人才管理中，开始有了"人才细分"和"边际绩效"等概念。人才细分的类型很多，图 3-3 是最具战略含义的细分类型。

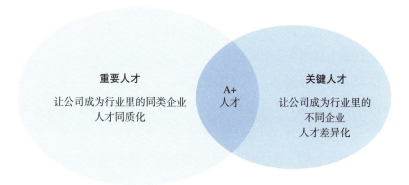

图 3-3　人才战略中的人才细分

关键人才和重要人才之间的概念区分，我在前面已经讲过；重要人才和关键人才的交集，我称之为 A+ 人才，这些人才往往是前沿技术的极客、高级别的管理干部，他们既是重要人才，也是关键人才。

毛泽东指出，政治路线确定之后，干部就是决定的因素[一]。高级别管理干部的战略影响力、价值观表率和作风辐射作用，决定了他们是关键因素。他们共识战略、率先垂范，能够教育、感染、凝聚广大员工，以饱满的奋斗激情和组织活力去创造卓越绩效。关键少数的管理干部出现问题也会带来极大的危害。有些管理干部核心价值观淡化，奋斗者精神淡薄，"领导就是服务"的意识弱化，经营思维老化，领导风格僵化，学习能力固化，这些都会加速组织惰怠和步入战略误区。

传统的人力资源规划，由于缺乏对战略差异化、人才细分、最优化、边际绩效等概念和意识的重视，容易出现"抹花生酱""撒胡椒面"的问题，即在薪酬、绩效、培训等各个方面全面改进，针对各个岗位、各个层级的人员全面升级等。如此，整个公司的人力成本会大幅度提升，人均效益也会快速下降。

我不会虚伪地讲"人才不是成本，人才是资产"。毕竟使用人才会产生费用，人才多配会造成人员冗余，人才高配会拉高薪酬，这些都是利润表上的"管理费用"，会减少公司利润，因为我反对盲目多配、盲目高配。正如我在第 1 章中讲的，"人才充足率"过高就会降低"人均效益"！

在人才战略规划中，深刻融入"关键少数"和"关键人才"概念，才能大幅促进人才投入的最优化，才能找到"战略"和"人才"之间密联的逻辑密钥，打开战略引领、人才驱动的卓越之门。

[一] 资料来源：毛泽东.毛泽东选集（第二卷）[M].北京：人民出版社，1991:526.

Talent Strategy | 第4章

超级竞争者的人才战略

只有经济才能处于平均水平以下的人,才会渴求平等;只有那些才智高超的人,才会渴望自由。

——著名思想家 维尔·杜兰特

雇用聪明人不是为了告诉他们怎么做,而是为了让他们告诉我们怎么做。

——史蒂夫·乔布斯

CEO 的思考题

1. 现在,用 1～10 打分,你可以自己评估一下"你公司的组织能力在多大程度上匹配了你所规划的战略?"
2. 你的企业有没有一项核心竞争力是在整个行业中远远领先于其他竞争对手的?这项能力以怎样的传导逻辑,来提升公司的战略差异化和客户价值主张?
3. 面向未来,你愿意在哪几个岗位上超配人才和高配人才,大幅提升其人才充足率,集中优势兵力重点突破?

从核心竞争力到组织能力的理论历程

在上一章中,我讲了战略定位中的三大客户价值主张,并诠释了战略性岗位群及关键人才的概念。至此,我们已经走完了"从公司战略到人才战略"的两大关键步骤:澄清公司战略、识别战略性岗位群。在这两个步骤之间,我们还需要以更严谨的方法论增加一个步骤——界定核心竞争力。

界定核心竞争力就是要回答:为了在战略竞争中获胜,我们必须在哪些方面做得格外出色。战略规划要解决"想到和想多好"的问题,能力提升要解决"做到和做多好"的问题。

核心竞争力这一概念经由普拉哈拉德(C. K. Prahalad)教授于1990年一经提出,就风靡全球学术界和企业界。有些人不喜欢这些提出时间过长的老概念,而偏好新概念,背后的原因就是他们并不知道很多新概念不过是老概念的复活或老概念套个马甲而已。比如,当下大谈特谈的"第二曲线",早在1960年就由罗杰斯(Rogers)教授系统论述过了。在人力资源圈里,广为流传的"组织能力"不过是核心竞争力概念的简单翻新而已。

核心竞争力概念对之前战略资源学派(代表人物杰伊·巴尼(Jay Barney))的理论进行了再完善发展,同时也在不断被完善。波士顿咨询公司(BCG)的合伙人乔治·斯托克(George Stalk)在此基础上提出了"战略能力"的概念,详见他在 *HBR* 上发表的文章《以能力来竞争》(Competing on Capabilities)。进入新世纪,腾讯高级顾问杨国安教授和其博士导师戴维·尤里奇则发展出了

"组织能力"的概念。

从此,不仅是 CEO 和各大咨询公司,CHO 带领 HR 部门也加入到了"寻找能力和提升能力"的广阔运动中。在本章中,我会交替使用"核心竞争力"、战略能力和组织能力几个概念,其区分如图 4-1 所示。

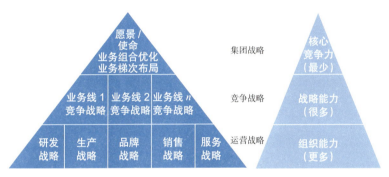

图 4-1　战略分层和能力概念对应

- 组织能力的定义最为宽松、广泛,很多能力都可以称为组织能力,在战略层次上更偏向对应于运营能力。
- 战略能力的定义次之,更强调那些最能支撑自身战略实现的组织能力,在战略层次上更偏向于具体的业务和具体业务的竞争战略。
- 核心竞争力的定义最为严苛。一家公司一定有组织能力和战略能力,但不一定有核心竞争力。核心竞争力是要放到整个行业中去和竞争对手对比的,它在战略层次上更偏向于集团战略。

很多企业天天都在谈"核心竞争力",却很少有企业真正参透它,在此,我摘录普拉哈拉德大师的原话,以正偏见。

- 将多元化公司想象成一棵树:树干和几个大树枝是核心产品,较纤细的树枝是业务单元,树叶、花与果实则是最终产品。为大树提供养分和起支撑稳定作用的根系,就是公司的核心竞争力。
- 核心竞争力是把现有业务结合在一起的黏合剂,它们也是开发新业务的动力,多元化经营和进军新市场要以它们为依据,而不仅仅是看市场的吸引力。
- 从长期来看,竞争优势将取决于企业能否以比对手更低的成本和更快的速度构建核心竞争力。
- 核心竞争力是组织内的集体学习能力……核心竞争力是沟通,是参与,是对跨越组织界限协同工作的深度承诺。

尽管尤里奇教授和杨国安教授的"组织能力"让核心竞争力概念有所失真,但这仍是HR界跃迁式的大进步,推开了战略性人力资源的大门,在战略和人力之间架起来一座通达桥梁。两人的具体方法论侧重于以下两方面。

- 组织能力分类。尤里奇对组织能力进行了11项分类,但没有详细论述提升组织能力的方法。这11项分类是:人才、速度、理念与品牌一致性、责任、协作、学习、领导力、客户关系、战略一致性、创新、效率,具体见《审计你的组织能力》(Capitalizing on Capabilities)一文。

- 组织能力成因。杨国安教授对组织能力在成因上提出了 3 个要素，系统论述了提升组织能力的 3 大驱动要素：员工能力（会不会）、员工动力（愿不愿）和公司治理（让不让）。关于此内容本章不再赘述，详见本书第 6 章。

把生命炼进自己的剑里

很多企业都认识到了核心竞争力的重要意义，但对这一个概念的误解甚大。在一次咨询项目中，我和一家福建服装企业的董事长面对面坐在一起，他开始谈及自己的企业有四大核心竞争力：门店、品牌、IT 系统和设计研发。我不得不含蓄地告诉他，这四个都很难称为核心竞争力。

- 门店属于有形资源，你有门店，竞争对手也有门店，竞争对手的门店也许还比你的多，而且只要竞争对手有钱，他很快就能购买或建立很多门店。花钱就能够快速买到的资源，都不是核心竞争力。品牌属于无形资源，你有品牌，竞争对手也有，你的品牌是服装品牌，竞争对手的品牌也是，相似程度很高，并且没有段位上的差别，这样的无形资源都不是核心竞争力。
- IT 系统和设计研发属于"能力"，能力是指将无形资源或有形资源进行组合能够完成的任务或展现的行为。IT 系统和设计研发这些能力是员工可以带走的，甚至可以外包给一家专业公司来做，因此比较容易模仿。员工可以带走并容易模仿的能力，都不是核心竞争力。

这位董事长所讲的不过是服装行业的"通用能力架构"，即整个行业中各个企业都必须拥有的各类能力。通用能力架构提供了行业准入标准，但无法创造行业领先者，就像牌局中的筹码，每家企业都必须下注。

核心竞争力则不同，它意味着你必须在某几项"通用能力"上做到极致（绝对优势），或者你掌握了一项"通用能力架构"之外的其他企业并不拥有的能力（绝对差异）。

很多高管层常常凭直觉来确定公司的核心竞争力，而没有进行全面的研究和深入的分析！一项能力要素要成为公司的核心竞争力，必须通过最为重要的三大测试。

- 需求性测试。只有当公司的能力能够比竞争对手的能力更好地满足客户需求时，公司的能力才具有价值，公司必须不断地重新评估它们的能力对当前或未来的客户需求的满足程度。

- 独特性测试。高管层在评价核心竞争力时，最大的失误就是没有将竞争对手作为参照物，核心竞争力往往成了自己"感觉良好"、大家都懂的练习，每家公司都能在公司内部找出做得比较好的方面。核心竞争力就是独特竞争力（distinctive competence），该能力要具有稀缺性。

- 不可模仿性测试。不可模仿性限制了竞争，因此是价值创造的核心。核心竞争力往往是难以复制的，因为存在"路径依赖性"（path dependency），很多能力不可能立刻获得，要得到它必须通过长期的积累，别无终南捷径。这就是大家反复议论的为什么"海底捞你学不会"。

这三大测试要求高管层不但要看公司内部，同时还要看公司外部。当我们能够把核心竞争力和能力、资源区别开来了，我们就能够充分意识到构建核心竞争力绝非一朝一夕之快事。

依据以上三大测试，很多企业往往会有些沮丧，突然发现自己现在并没有什么拿得出手的核心竞争力。目前没有核心竞争力，并不可怕！任何一项核心竞争力往往需要漫长的培育过程。你现在可以定义"我们应该有什么核心竞争力"，然后制定完善的核心竞争力发育计划，用5～10年的时间将它打造出来！伟大是熬出来的，核心竞争力也是日积月累出来的。

著名作家汪曾祺曾说："人总要把自己生命的精华都调动起来，倾力一搏，像干将、莫邪一样，把生命炼进自己的剑里。"卓越的企业家就应该像干将、莫邪一样心无旁骛，以极强的战略耐性和战略定力，在经营的生命里铸就核心竞争力！

从战略地图到能力地图

战略方向的调整可以一夜之间完成，董事会或高管层通宵达旦开个会议即可；核心竞争力的发育，却是一个缓慢的过程。战略调整可以以周计，能力发育却要以年计，管理时间的跨度和周期不同，更加剧了两者之间的"错配"。因此，我们更多看到的是战略和战略能力或组织能力之间的错配，而不是一致性。

从澄清战略出发，界定战略能力，并对每一项战略能力进行细化、结构化，然后进行评估分析制定提升战略能力的具体行动，我把这个过程称为"从战略地图到能力地图"。

在上一章，我分析了三大客户价值主张，每一类客户价值主张的实现，都需要一系列战略能力来支撑。从客户价值主张入手，我们可以得出一份基本的能力地图指引，具体如图4-2所示。当然，这样的能力地图指引还比较通用，需要依据具体企业的具体战略，进行颗粒度上的细化。

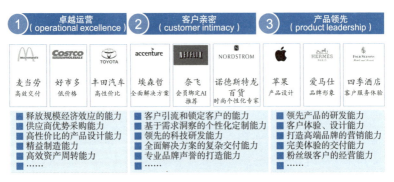

图4-2 战略能力的系列图谱

很早之前，一家医疗设备制造公司的高管看到了我写的文章《从战略能力到能力战略》，找我去协助该公司开展战略转型。在一次研讨会上，这家公司的很多高管都认为自己的核心竞争力是"仪器制造能力"。

我立即指出，这个能力的概况过于空泛，对进一步的行动没有任何指导意义。经过进一步的研讨和分解，高管们把"仪器制造能力"进一步细化，结构化为人机界面设计能力、产品制造能力和及时敏捷交货能力。

在这三项子能力里面，在产品制造能力方面整个行业做得都不错，而且可以外包，公司并没有凸显的优势。及时敏捷交货能力，尽管听起来很高大上，但是行业里的每一家公司都能够做到。此外，因为其主流客户是医院，采购的计划性很强，其实也不太需要公司把及时敏捷做到多么极致。最后公司发现，最能构成公司未来核心竞争力的就是"领先的人机界面设计能力"。

同时，"领先的人机界面设计能力"也正和公司新定义的客户价值主张"产品领先"具有很强的一致性并且互相支撑。过去，这家医疗设备公司的客户价值主张是"客户亲密"，主要依赖销售人员和医院采购方的客户关系。

战略定位发生了改变，战略能力也要跟着发生变化，更重要的是关键人才的定义也发生了改变。

- 步骤1：澄清公司战略。过去的价值主张是"客户亲密"，现在是"产品领先"。
- 步骤2：界定战略能力。过去的战略能力是客户关系，现在的战略能力应该是人机设计。
- 步骤3：识别战略性岗位。过去的战略性岗位是销售代表，现在的关键人才是人机工程设计人员。

该公司决定大力招聘更多顶级的人机工程学家，一方面积极强化这方面的核心竞争力，另一方面积极打入家庭自用、小型社区医院这两个增长迅速的细分市场。

正是在这两个细分市场中，公司的"领先的人机界面设计能力"最富有独特性和需求性，主要原因是良好的人机界面设计普通护士就可以操作，不需要昂贵并繁忙的专业医生来操作。

将核心竞争力化育为员工行为

核心竞争力指的不是个人能力，而是整个组织发挥的整体战斗力，是企业在人员招聘、培训、薪酬、沟通以及其他人力资源领域中进行持续投资的结果。 因此，核心能力要做"实"不能做"虚"，不能仅仅成为挂在墙上的标语，还要落地到人才管理体系中，要化育到员工日常行为中。如何做呢？杨国安教授给出了方法指引，被誉为"组织能力杨三角"，下面我们结合谷歌和丽思卡尔顿的案例来详细论述一下这个模型。

1. 员工能力：员工会不会展现这些核心竞争力

丽思卡尔顿酒店的座右铭是"我们以绅士、淑女的态度为绅士、淑女服务"，其核心竞争力就是"传奇服务"。他们为了招聘到最专业的服务人员，不在乎时间成本，他们通过严格的测评和面试来"甄选"员工，而非"雇用"员工，并对新员工进行文化熏陶，提供 21 天培训认证，这些培训课程都是与"传奇服务"的技能和态度紧密相关的。

谷歌也是如此，谷歌创始人拉里·佩奇认为"花在招聘上的时间永远不算浪费"。每一位进入谷歌的面试者都是由 CEO 亲自面试的，在此之前面试者还要通过公司委员会的 5 轮面试，并且围绕"谷歌范儿"模型（详见第 7 章）打分后才能最终和 CEO 进行交谈！谷歌要招聘的就是那些与公司核心竞争力匹配的高能力人才。

2. 员工动力：员工愿不愿展现这些核心竞争力

丽思卡尔顿经常给予员工物质和非物质的激励，每一家酒店每天都有惊喜发生，他们搜集这些"惊喜故事"同所有员工分享，形成致力于最优服务的环境。在谷歌的价值观里，创新不能被拥有或任命，它需要被允许，命令创意人员让他们进行创新，这不一定有效，正确的方式是放任他们去做。

有一次，谷歌 CEO 在搜索某个关键词时没有找到想要的答案，反而出现了很多不相关的网站，所以他把搜索页面打印了出来，并且写上了"This advertisement sucks"（这个广告很烂），然后贴到了公司的娱乐室，而没有将改进工作专门指派给负责广告数据库的某个人，不过很快就有几个年轻人（完全不是做广告数据库管理的）揭下了纸条，仅仅花了一周业余时间就完美地解决了这个问题。这就是谷歌公司的特色。

3. 公司引力：公司让不让员工展现这些核心竞争力

公司需要通过各种制度流程来为员工展现核心竞争力清除障

碍，丽思卡尔顿通过信任充分授权（授权额度为每人 2000 美元），来解决客人投诉的问题。

在谷歌，激发创意精英动力的因素，不仅局限于金钱，更多的是其大显身手的机会、并肩共事的同事和享有的创新机遇。其中最具影响力的是谷歌"20%时间"的工作方式，谷歌允许工程师拿出 20% 的时间来研究自己喜欢的项目。谷歌新闻（Google News）、谷歌地图（Google Map）等产品创新，全都是"20%时间"的产物。

大多数企业的目的是让风险最小化，而不是让创新自由和速度最大化。 谷歌却与之相反，他们公开公司重要的信息，让员工了解公司的工作，谷歌的目标与关键结果（objectives and key results，OKR）制度就是一个很好的例证。每个季度，每位员工都需要更新自己的 OKR，并在公司内发布，让大家快速了解彼此的工作重点。与 KPI 强调"要我做的事"不同，OKR 强调"我要做的事"，这就是谷歌的激活个体、自我驱动的"赋能型组织"。

力出一孔的阈值效应

基于此，能力地图的颗粒度不能仅到主干道，还需要进一步细化。那么，细化到什么程度才算适宜呢？我的建议是：**要细化到战略性岗位的岗位职责和能力模型，让提升战略能力的行动细化到"人"的层面。**

再回到这家医疗设备公司的案例上，对于能力地图的思考，仅到"领先的人机界面设计能力"这个层面还不行，还需要围绕以下六个方面的诸多问题进行深度探询。

- 定义：这是一种什么能力，它的内涵是什么，不是什么，以及这项能力为什么如此重要？
- 逻辑：这项能力以什么因果逻辑和传导链条，来提升公司的战略差异化、客户价值主张或竞争优势？
- 战略性岗位：这项能力对应的战略性岗位是什么？战略性岗位的"人才充足率"如何？是否配备了胜任或者明星人才，他们的"人均效益"是否处于行业领先水平？需要新增什么岗位，或者在原来岗位上新增什么技能？
- 组织保障：这项能力发挥功效还需要什么？都会涉及什么部门和流程，我们需要改变哪些企业文化和思维方式？需不需要新设部门？
- 企业之外：在企业外部，有没有外部的战略联盟对象、并购整合对象，或者专业咨询机构，可以协助我们加速提升该项能力？
- 能力等级（见图4-3）：该项能力的评价等级和可量化的衡量指标是什么？我们需要采取什么具体行动，通过多长时间的努力，把这项能力提升到什么等级？

罗马不是一天建成的，培育核心竞争力极度考验CEO的战略耐性和战略定力。正如图4-3所示，在初期，企业所期望的核心竞争力往往处于不及格的状态，从不及格（亚马逊早期的配送服务)到和竞争对手势均力敌(和沃尔玛对抗),再到遥遥领先于整个行业,往往需要近 10 年之久的定力和持续投入!

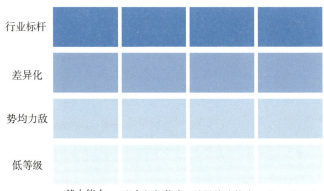

图 4-3　能力地图分布

在战略能力打造中,有一个"阈值效应",即只有当资源投入和努力程度到一定程度时才能影响到一个体系。当资源投入和努力程度低于这个阈值时,收效甚微。比如,亚马逊的快速配送做到 5 天内送达,没有任何意义;做到 3 天内送达,意义也凸显不出来;做到 1 日送达和 1 个小时送达,那就是绝对的超级优势,远远超于同期的竞争对手!

突破阈值效应:第一,必须投入一定数量的资源;第二,必须集中,有所取舍,在关键点上饱和攻击。比如,与其让 100 个产品各得到 2% 的改进,不如让两个产品得到 100% 的改进。在核心竞争力建设上,不需要百花齐放,更需要一花独妍,敢于将鸡蛋放在一个篮子里。

正如任正非所言，要成为行业领导者，一定要加强战略集中度，坚持"压强原则"，在成功关键因素和选定的战略生长点上，以超过主要竞争对手的强度配置资源，实现重点突破。不收窄作用面，压强就不会大，就不可能有突破，力量从一个孔出去才有力度，这也是任正非常讲的"力出一孔"。

因此，核心竞争力不需要太多，1～3项即可！如果你想培育和打造的核心竞争力有5项之多，那仅仅说明你根本没有想明白，也不可能成功打造核心竞争力。

如果核心竞争力能够遥遥领先于整个行业，企业就能成长为诸如亚马逊、华为和海底捞一样的"超级竞争者"。

超级竞争者可以在很多领域实现"降维攻击"，他们的战略格言是"杀鸡用牛刀"，饱和攻击，集中5～10倍的优势兵力碾压竞争对手！有时候，超级竞争者可以实现"全胜"，他们通过并购投资的战略路径实现"不战而屈人之兵"。

幂律分布：人才战略的4A模型

想突破战略能力的"阈值效应"，或者想成为本行业的"超级竞争者"，CEO就需要在战略性岗位上配备"顶级人才"。

战略不仅有好坏之分，更有虚实之分。实战略的重要标志就是，把战略落地到人才的配置上，将最优秀的人才配置到面向未来的战略机会点上。战略不在于务虚，而在于求实，没有胜任人才或顶级人才的配置，所谓战略落地最终就会沦为一场奢望。

在 HR 学术界，美国印第安纳大学的波义耳（O'Boyle）教授有一篇颇具影响的实证论文《顶级人才与其他人：重新审视个人绩效的正态性规范》。该调查研究了来自诸多领域的 60 多万人，从娱乐圈人士、教授到研发工程师，作者都发现了佼佼者和平庸者之间存在着巨大差异。

该研究的结论是：<u>在大多数行业中绝大多数的绩效产出是由少数精英员工贡献的</u>；1% 的员工就可以贡献总绩效产出的 10%；5% 的员工可以产出 26% 的绩效。人们的绩效表现并不符合常见的正态分布，而是呈幂律分布。这类似于图书销售，几百万种图书大部分都卖得不好，只有极少数图书能畅销几百万册。

顶级人才和平庸人才之间的差距，随工作复杂度的加深成指数扩大。一位人寿保险的顶级推销员，其绩效比一般推销员高 2.4 倍；一名顶级的战略咨询顾问，其绩效可以比公司的平庸者高出 12 倍。

基于此，把顶级人才配置到战略性岗位上，就可以产生卓越的绩效结果，开发出让整个行业惊艳的爆品，交付出让目标客户惊艳的服务。一言以蔽之，确保<u>识别出战略 A 类岗位群，再为这些战略性岗位群配置 A 类人才，给予 A 类激励、推动他们创造 A 类绩效</u>我将之称为"人才战略的 4A 模型"。

如果诸多战略性岗位群都能够如此，就能为整个公司打造出真正的"核心竞争力"。如果核心竞争力所展现的绩效水准 2 倍或 5 倍领先于行业第二名，那么公司就可以进入新境界，成为本行业的"超级竞争者"。

如果选错了人,在战略性岗位上配置了平庸员工或者不胜任员工,那么公司就要在战略上付出很高的代价:让目标客户直接感知到公司的服务缺陷;产品的研发周期尽管很长,但不能产生富有竞争力的产品;甚至让整个公司错失最佳的战略机遇,看不见的机会成本非常高。因此,对于战略性岗位群的人员配置,一定要积极淘汰 C 类员工,代之以 A 类员工。

当然,对顶级人才的价值分配力度,要和其价值创造能力相匹配。否则,你就给了他们一个离职的理由。在以"岗位"为中心的 HR 管理体系中,同一岗位、同一职级的薪酬水平是一样的,看似公平,其实是对顶级人才的不公平。在人才管理体系中,应该更认同人才价值的幂律分布,战略性岗位上的明星员工和平庸员工之间的薪酬水平可以相差几倍。

顶级人才通常非常稀缺,是市场力争的竞争资源。在此,我们需要向乔布斯学习,他早在 1995 年就讲道:"优秀软件人才和一般软件人才之间的差距可能是 50∶1。在我所做的任何事业上,寻求世界上最优秀的人才都是值得的。"

在移动互联网时代,苹果和微软的对比更加验证了这句话的威力:苹果公司只用了 600 名工程师、花了不到两年时间,去开发最新版本的 OS X,彻底改变了苹果的操作系统;相比之下,微软公司动用了多达 10 000 名工程师,花了超过五年时间,去开发操作系统 Windows Vista,最后却以撤回产品收场。

模块二 人才战略的差异思维

打破人才私有化，统调综效

一旦 CEO 确认了最为重要的核心竞争力，就有必要在全公司范围内盘点与这些战略能力密切相关的所有人才，盘点他们的任职部门、绩效表现、胜任度和未来潜力、薪酬水平等。

借由这些人才盘点的详尽资料，CEO 一方面可以充分有效地予以关注、任用、培养这些关键人才，同时也要保证拥有这些关键人才不被某个事业部雪藏或者私有化。

在很多组织里，顶级人才往往被限制在一个部门内，其他部门的领导人看不到他们。CEO 必须把最优秀的人才视为公司共有的资产，而不是某一部门的财产，唯此才能在整个公司内高效点兵点将、排兵布阵。

1. 打破人才私有化，构建顶级人才内部统调机制

顶级人才是整个公司的资源，公司总部应有权利进行调配，比如集中优势兵力去攻克技术难题和竞争难题。当佳能发现数字激光打印机市场大有可为时，它授权该事业部负责人到其他事业部搜罗相关的顶级人才，从而以最快速度推出产品。

一个有效的方法就是，在每年的人才盘点中，各事业部负责人必须给出合理的理由，必须证明这样做能让顶级人才 ROI 最大化，才能把某些顶级人才保留在本部门中。CEO 和各事业部负责人逐渐像重视"资本配置"那样重视"人才配置"。

2. CEO 要学会和分布于各层级的顶级人才共处

很多顶级人才来自比 CEO 低 3 级甚至 4 级的团队，我的研究表明，55% 左右的战略性岗位都比 CEO 低 2 级，30% 比 CEO 低 3 级甚至更多。对于处于产业转型期、战略转折点的公司，甚至会有 20% 的全新战略性岗位。

很多 CEO 没能够走下四五个职级，去发现这些关键人才，并和他们保持一定的沟通和联系，包括跨越组织边界调配他们，推动他们有序轮岗，分配给他们 CEO 眼中的关键挑战。

一个有效的方法是，CEO 发起一个 TOP100 人才圆桌会，定期和这些顶级人才聚集在一起，分享彼此的心得和体会。这样既可以在他们之间建立一种强烈的社区归属感，也可以通过和他们交流，让 CEO 收集和洞察到有意思的创想和有价值的商机。

3. CEO 要积极投身于顶级人才的招聘和离职中

CEO 要把面试中 60% 的时间用于面试顶级人才候选人，要熟练掌握面试顶级人才的技巧。更重要的一点是，在面试顶级人才时，CEO 要转变心态，要有以下认知，即在一定程度上不是 CEO 在面试顶级人才，而是顶级人才在面试 CEO。

同时，CEO 要借助自己广泛的人脉，包括投资人、客户和合作伙伴等，积极主动地结识、网罗各路顶级人才。

当顶级人才离开时，CEO 应该亲自参与离职面谈，尽管有时候无法挽留，但 CEO 需要了解他们的去向和竞争对手的薪资水平。如果当时摩托罗拉的 CEO 能够了解到，该公司的很多顶级人才都被苹果公司挖走了，摩托罗拉就有可能预测到 iPhone 的诞生，就可以很早召开一个"如果乔布斯做手机，他会怎么做"的深度战略研讨会。

4. 找到关键配角，不要忽略 B 类员工

好的电影导演很清楚找实力派演员当配角，对整出戏有多重要，这些配角就如同形形色色的 B 类员工。B 类员工往往是公司的中流砥柱、安定的力量，他们的稳定和敬业非常重要。

研究表明，约有 20% 的 B 类员工具有 A 类人才的潜力，但是他们选择缩小抱负，以平衡家庭与生活。更重要的一类 B 类员工是"前 A 类人才"，基于各种不同因素，他们毅然决然放弃平步青云的机会。

对于 B 类员工这群稳定公司的主力，CEO 接受差异，同时关心和鼓舞他们，是至关重要的。否则，自觉不足的 B 类员工，会视自己为三流员工，一蹶不振。

驾驭明星员工的五大技巧

顶级人才不仅有绩效结果属性，更有社会关系属性。顶级人才长期具有显著优于其他员工的绩效水平，除此之外顶级人才还具有"高社会性"：不仅在组织内光彩瞩目，同时在外部劳动力市场上也享有盛誉，被称为"明星员工"。

强调明星员工的高社会性，原因在于：其一，高社会性是明

星员工流失的关键所在，明星员工更易被竞争对手察觉，更易被诱导跳槽；其二，高社会性是指明星员工与其他员工发生交互作用，对组织有溢出效应（spillover effect）。

诺贝尔经济学奖获得者卢卡斯的人力资本模型告诉我们：一个拥有较高人力资本的人对他周围的人会产生更多的有利外部效应，可以提高周围人的生产率。这种外部溢出效应体现在：明星员工能够对同事进行工作指导，同时作为典型榜样，可以为组织行为树立标杆，能够激发周边同事快速进步，进而带动整个组织绩效的提高。

不过，很多研究和实践表明，明星员工对其他同事的绩效也会产生抑制作用。诸如，明星员工可能是"独狼"，破坏公司的合作氛围；明星员工过高的成就也可能让很多员工望而却步，反而降低其他员工的进步动机。同时，基于中国"不患寡而患不均"的传统文化，向明星员工过于倾斜的薪酬激励，可能引发其他员工嫉妒，让明星员工树敌，从而影响整体组织绩效。

综上，如何克服明星员工的消极作用而最大化其积极的溢出效应？如何使明星员工长期保持其"明星"属性？这个关键问题就成为顶级人才管理中的重要课题。下面是我给 CEO 的系列行动指引。

- CEO 要定期和 HR 负责人一起盘点哪些"阻碍因素"限制了明星员工潜力的充分发挥。同时，CEO 也要定期和明星员工沟通，少谈对顶级人才的期望，多询问公司为顶级人才的梦想实现还可以做些什么。CEO 要记住乔布斯的那句话：**"雇用聪明人不是为了告诉他们怎么做，而是为了让他们告诉我们怎么做。"**

- 推动明星员工成为内部兼职讲师和导师。第二次世界大战期间，德军飞行员哈特曼是顶尖飞行员，他一生击落了 352 架敌机，这个数字空前绝后。德军没有把他撤回后方去培养飞行员，后来他牺牲了，德军万分遗憾，德军飞行员在后期出现巨大断档。美军的模式就比较好，最优秀的王牌飞行员理查德不过击落了 30 架敌机，是所有王牌飞行员中最少的。美国军队的制度规定，任何空军飞行员取得一定战绩之后，就可以退役还乡，成为航空飞行学校的教官，所以美军飞行员人才蔚然成林。

- CEO 和 CHO 要帮助明星员工缓解其角色过载，而不是被"明星地位"所累。除了薪酬以外，各种重大项目也向明星员工倾斜，会导致各种协作网络超负荷向明星员工聚合，造成明星员工呈现出一种过载状态，由此产生各种负面情绪，包括压力、焦虑，甚至导致其离职。

- 不要急于快速提拔明星人才，避免陷入"天才儿童的戏剧化人生"。天生聪明的孩子往往会为了符合父母的期待，学会隐藏自己的真实感情和需要。久而久之，他们开始深陷于空虚和疏离感中。一些顶级人才为了成为完美的经理人，只好压抑当初让他们脱颖而出的才能，常常在快速升迁之后，开始发挥失常、光芒尽失，甚至只能黯然离职。

- CEO 要积极不断对明星人才进行反馈。"理想化"和"认同感"这两种心理机制组合在一起,会对顶级人才产生破坏力。CEO 要客观认识到明星人才并非完人,要容忍他们的诸多缺点,也要帮助他们改进一些致命缺点。研究表明,顶级人才的致命缺点集中表现在自负之下的缺乏同理心。**想要明星人才快速提升,就需要在提升之前协助明星人才提升同理心**。关于同理心,在此不做赘述,推荐阅读微软 CEO 萨提亚的新著《刷新》。

炸开人才金字塔塔尖,创建意义共鸣

面向未来,云计算、人工智能等方面的顶尖人才更是稀缺资源,人才争夺战越发激烈。华为的做法就是把人才金字塔塔尖炸开,外延世界级人才。华为的人才机制原来是金字塔结构,金字塔是封闭的系统,限制了薪酬的天花板和人才的天际线。

从战略终局看人才布局,炸开人才金字塔塔尖,华为在全球能力中心开展人才布局。华为在俄罗斯建立数学研究所,集结当地基本算法领域的人才。此外,在法国做美学研究,在日本研究材料应用,在德国研究工程制造……华为在海外 16 个城市建立了能力中心,外籍专家占比达 90%。

隆巴迪先生是著名的微波研究专家,他是意大利人。5 年前,华为因为他把微波研究中心设在了米兰。华为的做法是"因人设岗",大大不同于我们 HR 管理主张的"因岗设人"准则！人才在哪里，华为就在哪里，"贴近人才建能力"已经成为华为重要的人才战略。

在动态化、全球化、科技化的今天，企业要想构建动态竞争优势、保持组织敏捷，办法之一就是放下传统的聘雇模式，改由在全球范围内寻找专家人才，快速填补关键的技能空缺，同时还能维持规模精简。这种新模式就是"敏捷人才"：**人才不求所有，但求人才所用，企业对人才的定义从"拥有"迈向"使用"。**

在共享经济、众包模式的驱动下，人才生态系统日益成熟，人才可以经由多种方式，随需进入或随需离开一个组织。未来可以想象，企业会把工作从组织内部"解放"出来，再把工作分派给处于世界各地的拥有最合适能力的人才。

敏捷人才的工作有很大差异：从阿里巴巴达摩院的访问学者（Alibaba Research Fellowship）、滴滴出行平台上的司机，到帮助乐高设计玩具的"铁粉级客户"，都是敏捷人才。华为成立以来，就不断和各大咨询公司开展咨询项目合作，借用来自咨询公司的敏捷人才，快速解决公司发展中遇到的难题。华为一直积极打破人才的组织边界，提倡"一杯咖啡吸收宇宙能量"，鼓励华为的内部人才积极与外部专家、科学家或咨询公司进行交流和开展项目合作。

乐高的敏捷人才策略值得借鉴，该公司促使各种年龄的积木爱好者，加入在线社群，诸如乐高大使网络（Ambassador Network）和乐高构想网站，激发乐高爱好者提供关于乐高玩具的新构想，并展出他们的设计创作成果。这些用户上传自己创作的乐高作品照片、图片和说明，已超过了 45 万种。这一切粉丝活动，形成了一个庞大的设计库。

海尔 CEO 张瑞敏讲到，世界是我的研发部；宝洁也提倡"从研发到联发"；实现得最彻底、成本也最低的，就是乐高。你的企业也不妨试一试：让你的客户参与到研发设计中来，让你的客户扮演"神秘顾客"去改进服务体验……

当然，要建立诸如华为和乐高这样的"世界级人才库"，企业需要成为使命型组织，让这些人才的工作有意义。正如谷歌首席人才官博克所讲："**如果你想吸引这个星球上最优秀的人才，你需要有可以激励他们的远大目标。**"

遗憾的是，很多 CEO 根本没有设法让顶级人才觉得所做的工作有意义，而片面地认为支付足够高的薪酬和股权激励即可。但是，外部激励终究有其极限。研究表明，对于顶级人才，工作意义的重要性是薪酬、晋升等传统激励因素的三倍以上。顶级人才的工作需求往往超越了生活富足、工作安全、社交归属，早已进入到马斯洛需求层次的最高级——自我实现。顶级人才想要工作的地方，是企业使命和经营哲学能与自己在理性和感性上产生共鸣的组织。

作为 CEO，你的工作就是帮助顶级人才创建这种在意义和使命上的共鸣。要做到这一点，CEO 必须完成以下四项任务。

- 必须和顶级人才充分沟通，让他们了解自己的工作如何创造意义。

- 当然,表达清楚的使命声明通常是个起点。CEO必须清楚地说明公司存在的原因和意义(为谁创造了什么有意义的价值)。
- 同时,必须确保公司的组织结构、运营流程和资源配置,能让你的明星员工实现公司的使命目的。
- 确保自我以身作则,亲自示范公司的存在意义。强大的领导人每天都通过言行来亲自示范组织使命,不论是与员工沟通优先要务,或是明显花时间和员工及顾客相处。总之,说到不如做到,喊破嗓子不如做出样子。

附录 4A 对顶级人才、明星员工的学术研究

- 美国印第安纳大学教授波义耳指出,在创新主导发展的新时代,员工贡献不再服从传统的正态分布,而是遵循幂律分布。数据显示,1% 的员工就可以贡献总绩效产出的 10%;5% 的员工可以产出 26% 的绩效,位列前 14% 的员工贡献了 50% 以上的绩效;处于 16% ~ 85% 区段的大多数员工总共只贡献了 46% 的绩效。企业竞争力不再取决于平均人力资本水平,而是取决于少数明星员工的贡献。
- 南卡罗来纳大学教授迈克尔·考(Michael Call)提出应当从三个维度来研究组织中的明星员工:个体绩效产出(贡献)、知名度(明星光环)、社会资本(协作参与度)。当员工具有高内部可见性时,其他员工会积极寻求与其建立联系,从而使其有机会接触更多的信息和资源,进而使其社会资本增加。
- 康奈尔大学教授罗伯特·弗兰克(Robert Frank)指出明星员工往往是一个相对的概念,是通过比较人与人之间的产出高低,选出的遥遥领先的一小部分人。界定明星员工的方式通常以公司为参照物,有时也以同行业作为参照物。比如,一名优秀的软件工程师在谷歌可能只是平均水平,如果跳槽到一家普通软件公司就可能成为一个明星员工。

- 凯洛格商学院教授科尔塞洛（Corsello）和米洛（Minor）对一家拥有超过 2000 名员工的科技企业开展分析发现，高绩效员工会对周围同事的绩效有着积极的溢出效应，一个明星员工平均可以提升他们周围同事 10% 的生产效率。原因是，其他员工向明星员工进行榜样学习的意愿和行为得到强化。
- 麻省理工学院斯隆商学院教授皮埃尔·阿祖雷（Pierre Azoulay）等通过考察学术界学者的合作研究发现，当某一明星学术专家突然去世后，与其有合作关系的学者发表的学术成果相应减少（平均为 5%～8%），原因在于原先通过合作网络从明星专家处溢出的知识消失了。
- 波士顿学院教授马丁（Martin）发现在新员工中宣传代表公司价值观的"小人物"（基层岗位上的明星员工）的故事会对员工的协作行为产生积极影响，同时也会减少新员工的破坏性行为。明星员工自身的"光环"在公司的企业文化建设、树立典型榜样、激励员工等方面起到积极作用。
- 西北大学教授詹妮弗·布朗（Jennifer Brown）发现，其他人认为跟明星员工的差距太大，追赶无望的话就很容易放弃努力。她的研究样本很独特，以高尔夫传奇明星泰格·伍兹为样本。只要有泰格·伍兹参加的场次，同场竞技球员的表现比起他们的正常水平都有很显著的下滑，而且伍兹当场比赛发挥越出色，其他人的表现就越差。
- 弗吉尼亚大学教授罗布·克罗斯（Rob Cross）和沃顿商学院教授亚当·格兰特（Adam Grant）等人针对 300 多家机构的调研

结果表明，公司对协作性工作的分配安排极不均衡：3%～5%的员工贡献了20%～35%的增值协作。明星员工既是顶梁柱又是职场雷锋、救火队长，导致其在协作网络中呈现出过载状态。角色叠加、组织依赖、大众期待很可能成为锁在明星员工身上的枷锁，会产生诸如压力、焦虑负面情绪，并通过协作网络传递给其他合作者。

- 俄亥俄州立大学教授塔尼娅·梅农（Tanya Menon）指出，处于明星地位的精英员工更容易恃才傲物、过度自信、独断专行，将持不同意见的成员边缘化，限制其他个体潜力的发挥，导致组织协同效应难以发挥，甚至会独占资源，形成诸侯主义，建造知识技能转移和共享壁垒。有些明星员工是过载性的奉献者，还有一些则可能是贪婪性的索取者。

- 明尼苏达大学教授伊丽莎白·坎贝尔（Elizabeth Campbell）和马里兰大学教授廖卉等人在一项调查中发现，明星员工经常陷入被同行苛刻对待和排挤的艰难境地中，会引发团队成员的嫉妒和相对剥夺感等负面情绪，一些自认为利益受损的个体往往更加倾向于"抱团取暖"，形成弱势格局下的落后者联盟，一致对外，排挤、谤杀优秀的明星员工。

- 上海大学教授马君的研究表明，从外部招聘明星员工有75%的概率会导致不良的组织后果，在组织内引发一出新老明星的"宫斗"。面对收入比自己明显高出一截但贡献未必就高的空降明星，原本在组织中备受礼遇的存量明星的自我评价难免受挫，危及自尊。考虑到新老明星在能力异质性上存在重叠，势必会加剧资源争夺，陷组织于愈加激烈的"宫斗"之中。要化解"星斗"，关键是要创建扁平和均衡的激励结构，引导新老明星员工调整社会比较维度。

- 哈佛商学院教授鲍里斯·格鲁斯伯格（Boris Groysberg）等人通过对华尔街1000多名明星股票分析师职业生涯的研究发现，那些获得了全美最佳证券分析师称号的明星员工跳槽之后，绩效普遍下滑，乏善可陈。绝大部分金融行业高层都认为，证券分析师是跟个人能力关系比较大、受所在公司工作影响较小的工种。令人惊讶的是，研究发现，明星分析师在跳槽到整体水平差一些的新公司之后，在至少五年的时间内，其绩效显著下滑。如果跳槽到跟原公司同一水平的新公司，在约两年时间内绩效会下滑。

- 佐治亚州立大学教授库玛（V. Kumar）通过分析在1058家零售店工作的6727名销售人员的个人绩效表现和同事之间的绩效差异发现：比起绩效在平均水平上的员工，高绩效销售人员较不可能离职（经理人的确让他们的明星员工很满意），但表现不佳的销售人员同样不太可能离职（绩效不佳限制了他们在其他公司的机会），结果是"表现中等"的销售人员可能会离职。

- 诺贝尔经济学奖获得者理查德·塞勒（Richard Thaler）的研究表明，明星员工溢价还可能来自过度自信和信息不对称，明星员工的人才市场交易价格高于能带来的回报，所以企业是亏损的；明星员工带来的回报低于企业预期，所以企业是失望的。明星员工越耀眼，人才争夺战越激烈，企业就越容易开出不理性的价格。

模块三

Talent Strategy

人才战略的体系思维

第 5 章　Talent Strategy

人才发展、学习发展、组织发展

如果你长时间盯着深渊，深渊也会盯着你。

——哲学家　尼采

战略方向大致正确，组织必须充满活力。

——华为创始人　任正非

CEO 的思考题

1. 马云在湖畔大学讲道："有些人招比自己弱的人是一种本能。具有这种本能的人，招聘来的人比自己越弱越好，越弱的员工就越听话，能够让招聘的这个人有安全感。"你的企业是否存在这样的人？该如何改变这种局面呢？
2. 中国有两句古话："三个臭皮匠顶一个诸葛亮"和"一人是龙，三人成虫"。这两句话要在企业中成立的话，都需要什么条件？
3. 你何时希望整个企业需要"战略共识、逻辑清晰、职责明确、行动一致"？你何时希望整个企业需要"战略冲突、逻辑含糊、职责流动、不断试错"？

4. 古希腊的一句诗："狐狸多知，而刺猬有一大知。"狐狸追逐多个目标，逻辑是灵活随机的；刺猬目标方向单一，逻辑是固守原则的。如果对任正非、马云、雷军、柳传志、张勇、史玉柱等 CEO 进行分类，谁是刺猬型，谁是狐狸型？你自己呢？

人才发展的要义：羊群效应的正负面

顶级人才组成的公司具有"羊群效应"，你只要招到几位顶级人才，就会有一大群顶级人才跟过来。人与人之间是互相效仿和相互吸引的，这就是学术界经常讲到的"同侪效应"（peer effect）。

奈飞认为真正最好的工作环境是拥有一群超级棒的同事。很多顶级人才选择奈飞或谷歌，并不仅因为看中了各种让人艳羡的高薪和福利，更是因为想与顶级人才共事，正如我们第 1 章所讲，"人才密度"有马太效应。

有句名言是"一头狮子带领的羊群可以打败一只绵羊带领的狮群"。这话有几分错误，一头狮子一定更愿意招募狮子，而不是招聘绵羊组建团队；同理，一只绵羊，更愿意招聘绵羊来组建团队，绵羊是不会给狮子发 offer 的。

商业世界的现实就是如此：一流的人雇用一流的人；二流的人雇用三流的人。诸多研究表明，B 类员工会因为缺乏安全感或自尊心脆弱，而不会为公司招聘到最好的员工。在某种程度上，他们害怕被超越和被取代，他们对自己的能力越不自信，就越陷入自我防卫的状态中。

这就是"羊群效应"的另一面：A类人才大多会招聘A类人才，B类人才却不仅会招聘B类人才，更会招来C类和D类人员，这就是我们常讲的"武大郎开店"。如果你掉以轻心，在战略性岗位上招聘了很多B类人员，那么在这些关乎战略落地的岗位上，就会出现更多的C类甚至D类员工。

如果公司的员工大部分都是B类员工招聘的C类员工，太多平庸之辈就会让组织氛围迅速恶化，A类人才就会感到边缘化，纷纷离开。一旦组织形成对"顶级人才"绝缘排斥的隐形规则，CEO的人才战略就会迅速失衡，掉入人才平庸的陷阱，整个组织开始进入下行的螺旋轨道。

基于此，人才发展的核心要义就是激发羊群效应的正面意义，抑制羊群效应的负面意义。那么，有何具体的方法可以抑制羊群效应的负面意义？卓越公司在人才发展上有以下应对之道。

1. 不让B类高管、员工参与面试和招聘决策

正如我们在第4章中所讲的，在一部电影中，主演很关键，配角也很重要，我们不能把B类员工全部换成A类员工，这样公司的人才成本也会太高，要在雄心勃勃的A类员工和稳定的B类员工间保持某种平衡。但是，我们可以规定不让B类人员参与面试和招聘决策。B类员工在招聘A类员工时容易缺乏安全感，脆弱的自尊心会作梗，这是人性的弱点。公司难以改变人性的弱点，唯一可以做的就是不让B类高管、员工参与面试和招聘决策。

2. 把 A 类人才培养成优秀的面试官

谷歌就是如此,他们选拔一些顶级人才组成"面试官委员会",其成员不仅面试技术高超,而且还乐在其中。想加入这支团队的顶级人才不仅要接受面试技巧的培训,还需多次现场观摩顶级面试官的面试过程。一旦加入面试官委员会,就要接受一系列业绩指标的评判,包括主持面试的次数、可信度、反馈信息的质量以及给出回复的速度。

3. 把"雇用比你更聪明的人"打造成公司的人才管理文化

这是阿里巴巴、星巴克和迪士尼等公司的 CEO 反复讲的领导力原则。正如奥美公司创始人大卫·奥格威所讲:"如果每个人都选择比自己矮小的人,我们的公司将成为侏儒;如果你总是雇用比你更强的人,我们的公司就会成为巨人。"雇用比你聪明的人,而且不被比自己聪明的人吓到,会证明你比受雇用的人更加智慧。在领导力培训中,要为 A 类管理者反复强调这一点:A 类人才的角色不再是为公司做贡献的个体,而是搭建舞台,让专业更强的人替你工作。

人才战略的另一种选择:Ⅱ型

我们都非常熟悉这样一句古话,"三个臭皮匠顶一个诸葛亮"。臭皮匠其实是"丑裨将"的谐音,意思就是三个副将的谋略可以匹敌一个诸葛亮。这句话非常有意义,让我们可以看到人才战略的另一种选择。

在前面，我们讲到人才战略的 4A 模型：把 A 类人才配置到 A 类岗位，给予 A 类激励，推动企业创造 A 类经营绩效。但是，有的公司还处于创业起步阶段，没有雇主品牌招不到 A 类人才，该怎么办？或者，公司正处于战略转型期，人才管理体系正在建设完善中，又该如何完成从传统 HR 到人才战略的升级切换？

就我的咨询经验而言，这里的关键问题是关于 A 类人才的定义。我们在第 3 章和第 4 章，通用了 A 类人才、顶级人才和明星员工这几个词，含义一样。现在，我们把 A 类人才的概念在定义上进一步精准化，划分为两类。

- 一种是绝对定义，即 A 类人才不是在公司内部比，而是和本行业、本领域整体对比人才的高下，通过本行业的外部人才盘点得出。苹果、腾讯、星巴克等头部公司可以采用这类人才战略。我称之为人才战略 I 型。
- 一种是相对定义，即 A 类人才是在本公司内的相对定义，是和本公司的 B 类员工和 C 类员工对比而定义的，通过本公司的内部人才盘点得出。创业型公司和人才管理体系尚不完备的公司可以采用这类人才战略。我称之为人才战略 II 型。

当然，并不是人才战略 II 型一定弱于人才战略 I 型。"田忌赛马"就是一个以相对优势赢得绝对优势的典型案例。"三个丑裨将顶一个诸葛亮"就是人才战略 II 型的一个隐喻。人才战略 II 型可以区分为两类：主动型选择和被动型选择。

1. 主动型选择的人才战略 II 型

人才战略 II 型，并不总是被动的次优选择，有些公司会主动选择人才战略 II 型，故意选聘行业内的"裨将"，而不是"诸葛亮"。比如，全球最大的基金管理公司美国先锋集团（Vanguard Group）的资产管理规模高达全球 6 万亿美元左右，其战略性岗位基金经理并不是行业内的 A 类人才，和富达基金和资本集团（Capital Group）的基金经理不可比。这是由先锋集团的战略定位所决定的。

先锋集团的战略定位是被动型投资，注重债券和股权指数基金，将投资组合的交易率减到最低，基金经理并不需要进行复杂的个股选择。富达基金和资本集团的战略定位是主动型投资，其基金经理需要进行高心理压力和高投资决策的股票选择。先锋旗下股票基金的平均营运费率约为 0.27%，远远低于其他基金公司的水平，同时每年下降 3 亿美元。

2. 被动型选择的人才战略 II 型

一些公司被动次优地选择了人才战略 II 型。在"人才发展"（talent development，TD）上，因为人才成本的原因或者雇主品牌的吸引力问题，很多公司仅能够招聘到三个裨将，"组织发展"（organization development，OD）还希望他们能够形成诸葛亮一样的战斗力，如何实现呢？

其中的关键就是把三个裨将转化为一个诸葛亮。当然，三个裨将并不会天然、自动地等于一个诸葛亮。这仍然需要公司在"学习发展"（learning development，LD）上做出努力。

若短期内受到各种制约，无法将 TD 这个轮子的动力最大化，企业就需要将 LD 这个轮子的动力最大化，以 LD 大轮子带动 TD 小轮子，推动 OD 向前迈进，让组织能够持续拥有精彩的未来。

AT&T 在战略转型中就是如此。随着电信业的重心从电缆与硬件转向互联网与云端，AT&T 不得不奋起直追、自我改造。AT&T 有大约 28 万名员工，但是他们大部分人的能力结构都无法胜任新的业务结构。大举招聘与互联网和云计算相关的人才，AT&T 又竞争不过谷歌、亚马逊等公司。基于此，AT&T 没有大张旗鼓地雇用新人，而选择了人才战略Ⅱ型，尽最大的力量训练现有员工，推动人才大翻新，来填补人才缺口。具体见本章附录案例。

学习发展的要义：两句中国古话

除了"三个臭皮匠顶一个诸葛亮"之外，还有一句名言让人深思："一人是龙，三人成虫"。

其实"一人是龙，三人成虫"，乃是全球之普遍现象。著名的"奥尔森困境"告诉我们：一个集团成员越多，以相同的比例正确地分摊关于集体物品的收益与成本的可能性越小，搭便车的可能性越大，离预期的最优化水平就越远。

很多案例都表明，组织行为会有"搭便车"的惰化和"窝里斗"的内耗，这让全明星阵容不等于"梦之队"，有时候顶级人才难以合作，个性压倒一切，方向争论不一，他们聚在一起会让组织崩溃！

通过"人才发展"（TD）构建一支强大的顶级人才团队，是手段并不是目的，目的是要让这支顶级团队创造出畅销市场的产品或交付客户称赞的服务，过程中又将个人能力沉淀为组织能力，推动"组织发展"（OD）。人才发展是手段，组织发展是目的，而中间的转换器就是"学习发展"（LD）。

如何改变"搭便车"和"窝里斗"，避免"招聘的是一条龙，进了组织变成虫"的悲剧？如果招聘了三个裨将，又如何把三个裨将转化为诸葛亮？方法很多，最重要的方法就是"学习发展"。

1. 团队学习的方法

要把三个裨将转化成诸葛亮就需要三个裨将之间开展"团队学习"，要避免三条龙成虫亦是如此。"团队学习"不仅是团队成员之间的知识共享和知识转移，更是一种基于敏捷行动与复盘反思之间相互交迭的过程。

研究表明，团队成员的心理安全感与团队学习存在显著的正相关关系；团队成员感觉到拥有越高自由度，其学习行为越能被激发。

2. 浅层学习的体系

裨将需要的学习发展是"浅层学习"，集中在知识技能的补短上。尽管无法在短期内或者根本不可能，把裨将们全部培养成诸葛亮，但是企业还是需要勾画"诸葛亮"的能力模型，让裨将们从容易掌握的知识、技能入手，构建出一张以"诸葛亮"为成长目标的"学习地图"。

3. 深层学习的顿悟

添加型的知识增长（浅层学习）对 A 类人才已经收效甚微，他们需要的是"深层学习"，集中在面向未知问题的探索上。顶级人才先前经验丰富，但是先前经验并不是通向未来的唯一指引，反而有可能是一种误导。顶级人才需要放下过度的自信，放弃甚至否决自己的过往经验和认知。三条龙聚成一个团队，如果无法开展深层学习，在面对变化的未来时仍然沿用过去的逻辑，那么这个团队往往会变成一条虫。

对于深层学习，几乎没有什么有效的外部干预方法。著名心理学家奥尔松（Stellan Ohlsson）告诉我们：**让心智认知超越经验的高山，只能靠内在自我的创造性顿悟。**

4. 自燃物的天性

在《从培训到学习》一书中，我把员工简单分为三类：自燃物、易燃物、不燃物。所谓的"自燃物"，自己会燃烧，会主动学习；"易燃物"就是周遭有学习的氛围，他就会学习；"不燃物"就是你再怎么燃烧，他都不会学习。

孔子曰："困而不学，民斯为下矣。"企业要甄选自燃物员工和易燃物员工，放弃不燃物员工，如此可以加速营造整个组织的学习氛围，将工作场所塑造成最佳的学习道场。

如果招募到的三个裨将是"不燃物"，无论如何，三个裨将都不能顶一个诸葛亮。如果三条龙都因为过度自信而变成了"不燃物"，那么放在一起组成全明星团队，无疑是一场人才配置的灾难。

因此，TD不仅仅是LD的结果，更是LD的前置。LD的有效性，还需要依赖TD，在招聘时能够过滤掉不燃物，招聘到天性具有"好奇心"的自燃物。关于这一点，我将在第8章中详细论述。

组织发展的要义：熵减

1944年，物理学大家薛定谔出版了划时代的巨著《生命是什么》，该书将物理学和生物学统一起来，推动了现代DNA生物学的发展。薛定谔写道："自然万物都趋向从有序到无序，即熵值增加。生命需要通过不断抵消其生活中产生的正熵，使自己维持在一个稳定而低的熵水平上……生命以负熵为生。"

企业发展的自然法则也是一个持续熵增的过程，从有序逐步走向无序，最终达到热平衡，没有温差不再做功，组织活力丧失殆尽，最后状态就是熵死。诺贝尔奖获得者普利高津指出，避免熵死的方法就是建立耗散结构。耗散结构就是基于开放系统，通过不断与外界进行物质和能量交换，在耗散过程中产生负熵流。

由此，薛定谔将生命活力称为负熵。

基于这些物理学的深度思考，任正非在 2015 年对华为的人力资源管理提出了最高要求："人力资源政策要朝着熵减的方向发展！"2018 年他又讲道："战略方向大致正确，组织必须充满活力。"任正非的言行告诉我们：组织发展的唯一意义就是熵减，激发组织活力。

小成功要顺应人性，大成功要对抗人性。比如巴菲特，他一生都在对抗人性的贪婪和恐惧：在众人贪婪之时他恐惧，在众人恐惧之时他贪婪。任正非也是如此，他带领华为对抗人性中的熵增，个人的熵增必然带动组织的熵增，组织的自然走向就是组织懈怠、流程僵化、技术创新乏力等，如图 5-1 所示。

一直以来，我都不喜欢以一个"更加抽象的概念"去诠释另一个"抽象的概念"，这样做有故弄玄虚的嫌疑，更有可能停留在更加抽象的概念之上坐而论道。我之所以决定用"熵减"这个更加抽象的概念来诠释"组织发展"，一方面因为该概念在内涵上和组织发展的高度契合性，另一方面因为该概念在华为的深度实践性。

如果没有足够强的理论自信，人们就需要外寻其他理论进行嫁接，以获得实际的自信和力量加持。如果管理学已有理论的气场已经不足，难以覆盖这些实践，人们就会跨越领域，从其他显学或更为权威的学科领域中寻找论证上的宽慰。

华为并没有停留在这些抽象概念上坐而论道，而是深度实践。更重要的是，华为是先有实践，再有高度总结，将实践归纳

第 5 章 人才发展、学习发展、组织发展

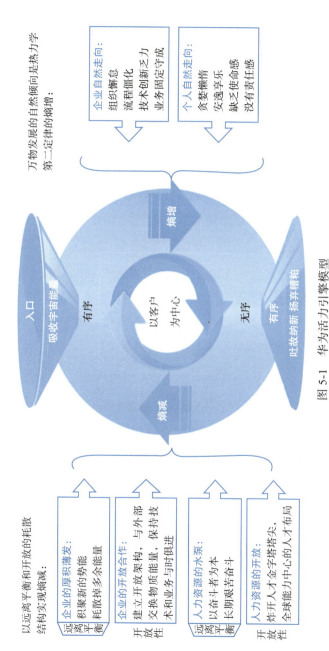

图 5-1　华为活力引擎模型

资料来源：丁伟，《华为之熵，光明之矢》。

为概念理论。其实，华为最鲜活生动的是组织发展实践，而不是理论，因为以过往的理论论证当下的行动并不能得出新理论。让我们回到华为的组织发展实践上，那些推动熵减的OD可以带给我们以下启示。

1. 组织发展需要借助外力发起变革项目

为了解决组织惰怠、流程僵化等熵增问题，华为的方法就是广请外脑，以咨询项目推动变革。从1997年开始华为持续引进外脑，开展集成产品开发（IPD）、集成财经服务（IFS）等多方面的咨询项目，华为在咨询费用上累计投入近400亿元，持续变革，向卓越逼近。

2. 组织发展需要激活人才的奋斗激情

华为通过员工持股、领先薪酬等手段激活人才的奋斗激情，并在激励上向A类人才大力倾斜，"给火车头加满油"。华为采用严格的末位淘汰，同时让劳动所得与资本所得的比例保持在3∶1，避免老员工因为积累过多股票而变得惰怠。总之，**要打破平衡、拉开差距、对抗惰怠，把最佳时间、最佳角色、最佳贡献匹配起来，激发员工保持活力。**

3. 没有TD的吐故纳新就没有OD的持续活力

华为曾经搞过多次大调职：2015年华为近10 000名员工因为不胜任而被调整；2016年又有2000名研发将士出征海外；

2017年华为破格提拔4500名优秀员工，打通从"二等兵快速晋升到上将"的晋升通道。人才发展上的吐故纳新、人才结构上的年轻化，保持了华为的组织活力。

4. 没有好的 LD 就没有好的 OD

华为大学的校训是：用最优秀的人培养更优秀的人，华为制定了"降落伞"机制，使用循环导师制、华大讲师制、部门辅导顾问制等，让曾为公司做出突出贡献的人才去辅导新人、教育后人。其一大特色是战略预备队的训战结合，给学员再赋予专业作战能力；另一大特色是案例教学，通过深度开发组织内部的典型好故事和典型坏故事，将组织经验沉淀为案例和课件，加速组织智慧的螺旋上升。

组织发展的两大隐喻：蜜蜂和刺猬

组织大师埃德加·沙因（Edgar Schein）讲道，无论规模和类型，所有组织都会面临两大问题：环境迅速变化，如何不断适应外部；为顺利适应外部，怎样相应地整合内部。

将企业内部环境和外部环境进行动态匹配的重任，最早落在"战略规划"上，以早期的 SWOT 模型为起始点。随着外部环境的变化越来越大，专家的预测不如猩猩随便一指，企业需要"小步快跑、快速迭代"，甚至需要"向无人区要未来"，战略规划的挑战越来越大。

基于此，动态匹配组织内部和外部的重任，仅仅靠"战略规划"一肩挑不行了，还需要"组织发展"，双肩挑才可能有精彩未来。在此，我分享两个隐喻，以求对组织发展的解释更具深度。第一个隐喻是战略大师明茨伯格所提出的一个蜜蜂和苍蝇的实验。

如果你在瓶中放置六只蜜蜂和六只苍蝇，然后水平放置瓶子，使瓶底封闭的一端指向有光亮的窗户，你就会发现蜜蜂会一直努力寻找瓶子的出口，直到力竭累死，而苍蝇会在不到20分钟内，全部从瓶子的出口冲出去。

蜜蜂是聪明的，富有逻辑，它们认为出口都在光线最足的地方，它们的行动也整齐划一。遗憾的是，这些优势导致了蜜蜂在这次实验中的失败。而那些苍蝇，由于缺乏逻辑，到处乱撞，终于撞到了好运，找到了出口，赢得了自由。"迎着风、向着光，勇敢向前跑"在有些情境下不一定是对的。

这个隐喻带出了"战略性学习"和"应急战略"的概念，告诉我们：战略是打出来的，有时候是误打误撞得出的。正如阿里CEO张勇在湖畔大学所讲："大部分今天看来成功的所谓战略决策常常伴随着偶然的被动选择，只不过是决策者、执行者的奋勇向前罢了！其实回头来看，我们很多正确的选择都是偶然做出的。"

华为手机的发展历程也是如此，它在Ascend手机品牌上投了很多冤枉钱，2012年又推出了P1系列和冲击中高端市场的D1，更是惨败。据说任正非在使用D1时频繁死机，他当众将这部手机摔到了余承东的脸上。后来,未被视为战略重点的 Mate7 反而大获成功,才让华为手机团队在失望至极时看到了一线希望。

借由明茨伯格的隐喻,你期望把组织发展成"蜜蜂"还是"苍蝇"?当然没有人愿意做苍蝇,更为恰当的问法是:

- 何时希望组织达成战略共识、逻辑清晰、职责明确、行动一致?
- 何时希望组织存在战略冲突、逻辑含糊、职责流动、不断试错?

这就是组织发展的"复杂性",不是简单的"二分法",不是非此即彼的决断。 从隐喻来看,阿里和华为就是蜜蜂与苍蝇的混合体,很多处于初创期的创业公司更是如此。

另一个隐喻是关于狐狸和刺猬的,源于古希腊的一句诗:"狐狸多知,而刺猬有一大知。"英国哲学家以赛亚·伯林对这句诗进行了深度挖掘,借此描述历史人物思维的差异。耶鲁大学历史学教授加迪斯在《论大战略》中对这一隐喻做了扩展:

- 狐狸追逐多个目标,其思维是发散的,逻辑是随机随需的;狐狸依据外部环境敏捷灵动,往往会迷失方向和目标,放弃很多原则和初心。
- 刺猬目标方向单一,其思维是收敛的,逻辑是固守原则的;刺猬重视目标的单一性和纯粹性,而容易忽视环境的复杂多变和手段的灵活性。

伯林认为，柏拉图、但丁、尼采、黑格尔属于刺猬类型，亚里士多德、莎士比亚、歌德则属于狐狸类型。如果我们依据伯林和加迪斯的方法，对任正非、马云、雷军、柳传志、张勇、史玉柱、周鸿祎、马化腾等 CEO 进行类似的分类，又该如何划分呢？

我们再把这个隐喻放到组织发展上，你期望把组织发展成"刺猬型"还是"狐狸型"？

尼采的名言，华为的深渊

我个人的观察是，他们时而像一只目标聚焦的刺猬，时而像一只多疑多变的狐狸。正如《了不起的盖茨比》的作者菲茨杰拉德所言：**"一流的智者在脑海中持有两种截然相反的想法，但仍然能够保持行动力。"** 基于此，更准确的概括是：他们是像狐狸一样的刺猬，像刺猬一样的狐狸。

2012年，斯皮尔伯格执导的电影《林肯》更加立体地刻画了美国总统林肯。林肯为了废除奴隶制，必须让不受其控制的众议院通过美国宪法第十三条修正案，在达到目标的过程中，林肯不得不使用交易、奉承、施压和谎言等"狐狸手段"。

林肯讲道："指南针能从你所在的地方为你指出真正的北方，但对于你一路上要遭遇的沼泽、沙漠和峡谷，它不会给出任何指示。如果你只会闷头向前冲，那必将陷入泥潭，最终一事无成。"林肯非常清楚什么时候要做刺猬（相信指南针），什么时候要做狐狸（绕过沼泽）。**卓越的领导人大都如此，在成事的决心上是刺猬，在成事的谋略上是狐狸。**

组织发展亦如此，在动态匹配企业内部和外部环境时，要确保整个组织保持对立思维下的行动力，让组织兼具刺猬的特性和狐狸的特性。

- 当组织是刺猬时，专注于既定的目标或流程制度，组织发展的方向和方法就是让组织更像狐狸。
- 当组织是狐狸时，偏好于快速的决策或流程随意，组织发展的方向和方法就是让组织更像刺猬。

1998年8月华为和IBM公司达成战略合作，开启华为向世界级企业转型的八大管理变革项目，其中包括华为引以为傲的集成产品开发流程（IPD）。在产品研发上，当时的华为存在很多问题：缺乏准确、前瞻性的客户需求关注，反复做无用功，浪费资源；没有跨部门的结构化流程；存在本位主义，部门墙高耸，各自为政，造成内耗；专业技能不足，作业不规范；项目计划无效且实施混乱，随机随便变更等。

从此，华为开启了从狐狸（无流程而随机灵活）向刺猬（流程化而恪守原则）靠拢的组织发展项目。任正非在IPD第一阶段汇报会上讲了他的名言："先僵化，后优化，再固化。"IPD让华为在产品开发周期、产品竞争力和响应客户需求上都取得了根本性的改善，有力地支撑了后来的高速发展和国际化扩张。

到了今天，华为又开始系统反思IPD。华为内部中文流程文件已近 3 万份，平均每份 12.6 页，据估算华为总流程文件多达 36.7 万页。让美国人民和特朗普无法忍受的美国联邦法规一共多少页呢？答案是 18.5 万页。具体到 IPD，它包括 6631 份流程文件，做一个完整的 IPD 项目，最多要输出 664 篇文档，各领域级评审要素超过 500 项。

这导致新产品立项周期长、讨论多、决策慢；产品开发不敏捷，无论特性如何，9 个月的刚性开发周期难以改变。华为内部反思到：研发体系已被"流程场"所影响，创新土壤呈现盐碱化趋势。写到此处，我脑海里浮现出了尼采的经典名言："与怪兽搏斗的人要谨防自己因此而变成怪兽。如果你长时间盯着深渊，深渊也会盯着你。"

现在，华为又要开启从刺猬（高度遵循原则流程）向狐狸（简化流程高效敏捷）靠拢的组织发展项目。

基于以上两个隐喻和对华为长达 20 年的观察研究，我构建了一个简要的模型，如图 5-2 所示。组织发展概念的口径很大，所涉内容和干预手段非常广泛，从战略共识到人才盘点等，这些内容我们在前几章已经具体论述过。此模型在此做抽象概括，仅能够标识出 OD 方位。如果你认为这个模型过于抽象，可以参考下一章的人才管理七要素模型，以及第 7 章中的"组织冰山"模型。

组织发展的方位隐喻模型告诉我们：组织发展必须逆向做功。正如华为高级顾问黄卫伟所讲："华为的所有管理举措都是在向企业的自发趋势说不。"

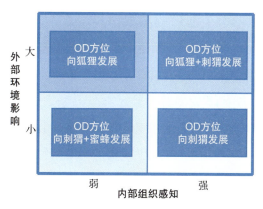

图 5-2　组织发展的方位隐喻模型

"逆向做功"的含义就是：当组织过于左倾时，通过组织发展让组织右倾；当组织过于右倾时，通过组织发展让组织左倾，让组织能够"执其中"。"执其中"又有可能导致组织左右掣肘、行动迟缓。因此，组织发展还要更进一步，要让企业和核心员工能够"保有对立思维下的行动力"。

以 LD 推动 OD：平滑变革的真谛

如何"执其中"并保有对立思维下的行动力呢？我们可以从富士的成功转型中窥得一二。

市场上有一款高端护肤品艾诗缇，这款护肤品的主要卖点就是胶原蛋白和抗氧化，据说可以让肤色像照片一样永不褪色。这款护肤品告诉你，你的脸本身就是你的一张照片，因为脸和照片胶卷都含有胶原蛋白成分。从其护肤逻辑中，你也许能猜出一二，它就是日本富士旗下的护肤品。

这款产品对于富士有深层意义，因为它更像处在没落行业尽头的富士望见的路标。只不过，从胶卷到护肤品的转变，对很多人来说是一件不可思议之事。

事实上，胶原蛋白是胶卷的主要原料，富士研究照片的历史可以说就是研究胶原蛋白的历史。冲印出的照片经常会褪色，富士为了防止照片褪色一直致力于"抗氧化"技术的研究，延缓皮肤衰老恰恰需要抗氧化技术。在上一章中，我论述了核心竞争力的概念。围绕和复用原有的核心竞争力，进行毗邻扩张，是富士成功转型的密钥。

可以想象一下当时的富士：外部环境对富士影响巨大，数码相机带来巨大冲击，行业需要迅猛减少，富士内部的全体员工对此都有强烈的感知，整个组织消沉、悲观至极。依据组织发展的方位隐喻矩阵，富士需要集狐狸和刺猬于一身的行动力，尽管整个组织意志消沉、思维相互对立。

在这种情境下，我们迫切需要以"学习发展"驱动"组织发展"，进而带动成功转型。

- 学习发展要为转型创造"紧迫感"。通过设计一系列学习活动，激发全体员工转型的信心和勇气，减少变革阻力，为变革制造动力。
- 学习发展要推动转型的"软着陆"。最常见的方法就是跟随转型的鼓点和进度，提供各种学习机会，让大家掌握未来组织需要的"新技能"和"新思维",不因"本领恐慌"而抵制变革。
- 学习发展要让高管成为"领航员"。要为诸多高管赋能,让他们掌握转型管理的方法,推动管理层不仅仅成为转型的认可者,更要成为转型的引领者和推动者,熟练把控整个转型的进程,并最终成为转型的受益者。
- 学习发展要为转型创造"策源地"。GE 就是如此,克劳顿学院开创了著名的"群策群力"团队学习方法,激励大家讨论,集思广益找到转型的方向和业务突围的出口。GE 所有的变革策略,要么发源于克劳顿学院,要么通过克劳顿学院发扬光大。

富士胶片全球 CEO 古森重隆先生在掌舵富士之后,他开始利用 LD 驱动 OD,发动全员群策群力,深入研讨以下四大问题:

- 如何利用现有技术巩固现有市场?
- 如何开发新技术并将之应用到现有市场?
- 如何将现有技术应用到新市场?
- 如何研究新技术、开拓新市场?

正如前面所讲"三个丑裨将顶一个诸葛亮",这样的团队学习,让富士不局限于化妆品领域,还进入了医药领域。富士发现,传统药物在产生疗效的同时,也对其他脏器有副作用,理想的效果是让药物能够精准抵达疾病部位。富士想起了 FTD 技术

(纳米分层渗透)在冲印照片时能将所需颜色显示到特定部位上。于是，富士开始发挥 FTD 技术优势，进入到医疗领域中。

过去 15 年，富士和柯达走出了不同的道路，富士取得了大多数公司梦寐以求的成就：在行业萎缩甚至消亡之际凤凰涅槃。

清华大学副校长杨斌教授对富士转型案例的点评，让人深思，他讲道：

在破与立上，热衷变革、鼓动颠覆的人常常以"旧地图上怎么找得到新路"，来干脆利落地放弃公司传统和公司技术优势积累……去掘"旧"与"新"的传承演进的可能，古森先生看问题不情绪化、不用简单的二分法（非此即彼）、充满辩证思维的高超本领，正是这样，他才不是粗暴地化"腐朽"为神奇，而是让公司员工感觉到公司过去的宝贵价值，这是平滑变革的真谛。

组织发展的现实指引：Zoom in, Zoom out

哲学家尼采讲道："人之所以伟大，是因为他是一座桥梁，而非目的。"组织发展部门也是如此，是一座桥梁。OD 部门要把桥梁价值发挥好，需要具有长、中、短期诸多能力。

- 在长期：能够以深邃的远见去识别组织发展的方位。和上一章内容结合，需要定义长期公司需要发育的核心竞争力应该是什么。以始为终，组织现在需要做什么才能够有未来的核心竞争力？
- 在中期：能够洞悉内部组织和外部环境之间的错位。环境决定战略，战略决定组织，组织决定人才。基于此，组织发展部要有能力设计战略纠偏机制和共识系统；知道该如何优化组织结构和组织文化，推动和战略保持一致性。
- 在短期：设计 TD 和 LD 的方法与政策，有效干预组织行为和员工行为，能够把企业抽象化的"战略大图"变成清晰度高的"部门能做什么""员工能做什么"。OD 最有利的工作抓手就是 TD 和 LD。

总之，卓越的 OD 部门知道什么时候应该 Zoom In，把整体组织放大推近，看细、看透应该改进的局部；什么时候应该 Zoom Out，把整体组织缩小拉远，在更长期、更宏大的图景下知道应该为未来播下什么种子。短期的任务，OD 部门自己就能完成，短期的能力，OD 部门自己也具备，中期和长期任务的完成和能力的获得往往需要借力于外部咨询公司。

很多人给组织发展部门的职责过于宽泛，对其期望太高：上能做战略规划，下能搞课程开发；左手指点企业文化，右手画圈组织架构。这等于公司的 OD 部门要成为一家世界级的咨询公司，要强大到：麦肯锡（战略转型）+ 美世（组织设计）+ 合益（领导力）+ 凯洛格（企业大学）。在一个企业内部，这简直是不可能的。

因此，组织发展一定要借助外力，和诸多咨询公司广泛合作。正如华为，它广借外脑，一杯咖啡接一杯咖啡不断吸收宇宙能量，一个项目接一个项目持续推动组织升级。图 5-3 是华为在发展历程中所开展的咨询项目。

模块三　人才战略的体系思维

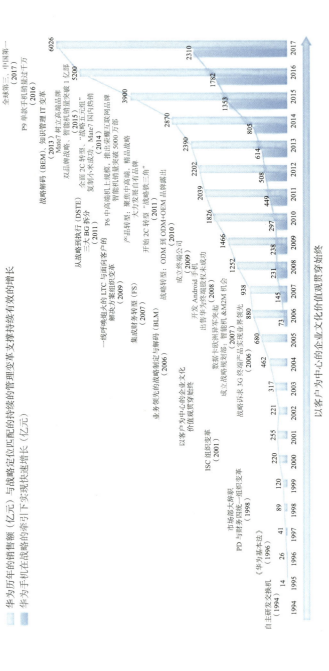

图 5-3　华为在发展历程中所开展的咨询项目

132

如果企业要成立 OD 部门，我建议核心职能如下：通过采办外部咨询公司或专家，以咨询变革项目或专家辅导项目为干预手段，并对项目进程进行有序管理，将外部方法论转移沉淀为自身方法论。启用"雇佣兵"，部分原因是借用其专业性和方法论，包括独立性和外部视角。另一个更重要的原因就是借用其时间和精力，企业内部一个萝卜一个坑，没有闲人或闲时间去开展深入业务细节的变革，去撰写新制度和设计新流程。

共享经济和零工经济并不是什么新概念，企业使用外部顾问，就是最早的零工经济：人才不求所有，但求所用，招之即来，挥之即去。一家公司设立一名首席战略官或首席组织官，包括下设部门和助手，一年的费用约 2000 万元。此外，战略规划和组织设计本身又是阶段性工作，工作做完，这些人员就闲下来了。一旦闲下来，对企业又会产生危害，这些闲下来的高管为了"刷"存在感，往往会开展一些没必要的项目运动，折腾企业。因此，几家公司共享咨询顾问，就是最早的"共享经济"。

同时，金字塔再高也高不过塔尖，很多企业有沉疴宿疾，原因就在主席台。无论 OD 部门级别多高，都很难做"言官谏臣"！一位好的外部咨询合伙人，有可能成为 CEO 的思维伙伴和谏诤之友。

什么公司最需要 OD 部门？应该是处于巅峰的企业，标志就是开始到处传经送宝，大门口车水马龙，遍布取经问道者。从中国到全球有几次学习浪潮，从马胜利造纸、珠海巨人到海尔，从摩托罗拉六西格玛到惠普之道等。尽管成功，但到处大讲成功之

道的企业甚是危险，经理们开始滋长骄傲自满的情绪，知性谦逊的眼神在这些企业中已经看不到了。当时代的旋律停下，行业的大潮退去时，很多巅峰企业总逃不过平庸而去的命运。最需要组织发展的就是这些处于巅峰状态的企业，它们的组织发展也最难，没有人会看到处于历史深处又近在眼前的危机，也没有人会相信！

附录 5A　AT&T 战略转型：人才大翻新

组织发展的挑战课题

随着电信业的重心从电缆与硬件转向互联网与云端，AT&T 不得不奋起直追、自我改造。现在的顾客无时无刻都要求联网，2007～2015 年，AT&T 的无线网络数据流量暴增 150 000%；2020 年时，公司 75% 的网络会由软件定义架构（software-defined architecture）控制，而在 2000 年，这个比例是零。

战略转型为 AT&T 的 HR 部门带来重大挑战。对 AT&T 遍布全球各地的大部分员工来说，这意味他们当初进公司时负责的工作，与现在身处的商业营运环境已经完全不匹配了。AT&T 有大约 28 万名员工，他们大部分在另一个时代接受教育和基本训练，平均年资是 12 年，很多人的能力结构都无法胜任新的业务结构了。若大举招聘与互联网和云计算相关的人才，AT&T 又竞争不过谷歌、亚马逊等公司。

基于此，AT&T 没有大张旗鼓地雇用新人，选择了人才战略Ⅱ型，尽最大的力量训练现有员工，推动人才大翻新，来填补人才缺口。该战略被定义为"Workforce 2020，WF2020"，HR 部门有机融合人才发展和学习发展两大手段，推动组织发展，让战略转型得以成功。

人才发展的策略举措

WF2020第一个步骤就是找出公司需要的技能,并拟定蓝图,以便从公司内部找寻有这些技能的人才。业务部门负责人要评估下属员工现有的技能落差,为自己与团队设定未来职务描绘(future role profile),让员工了解必须获取哪些技能,从而设定个人发展计划(individual development plan,IDP)。

AT&T为所有员工提供了职业生涯工具(career intelligence tool),该工具分析公司内部的人员聘雇趋势,以及不同职位的描绘(包括薪资范围与现有人数),协助员工做出未来的职业生涯决定。举例来说,如果一个AT&T员工对美国区域的网络服务工作有兴趣,他就可以查到公司在这个领域中的所有工作机会。

人才发展的策略举措让AT&T人才管理从"企业阶梯"思维转向了"企业网格"思维。企业网格思维的职业发展轨迹不再是单向的爬楼梯,只能横向、上升或下降,而是在多方向、不规则的移动之中不断变化与调适。AT&T致力于培养员工,使之拥有企业网格新思维:成为自己职业生涯的执行官,有能力去寻求新技能、新角色与新经验,让拥有自主力量的员工茁壮成长。

学习发展的策略举措

为此,AT&T快速搭建了企业大学平台(enterprise university platform)。员工在找出技能落差,并与主管沟通意见后,就可以通过在线课程、职业认证、学位计划,来填补技能落差。AT&T设计了别具特色的学习项目,其中学位计划是由AT&T和佐治亚理工学院（Georgia Tech）合作开设的。大多数 AT&T 员工每星期会花 5 ～ 10 个小时接受再教育，对新职位有兴趣的员工必须利用自己的时间，有时得花自己的钱来接受再教育。

提升组织学习氛围，激发员工学习动能，让员工变成"自燃物"的催化剂有很多，AT&T 从几方面重新设计了这些催化剂政策：重新设计了薪酬制度，提高战略转型所需新岗位的薪酬水平，员工如果拥有公司急需的互联网新技能，就能得到更多金钱上的报酬；AT&T 把全公司 250 个职务精简为 80 个，目的是把公司的职务架构简化并标准化，进而提高工作流动性；在学位计划中，AT&T 奖励每位获得新学位的员工 8000 美元学费。

WF2020 人才战略计划的原则，是让每一位想加入的员工，都有机会和公司一起改变，尽量减少必须离职或解雇的员工人数，加速人才翻新。不过，不愿意投入学习推进自我能力升级的"不燃物"，最后还是得离开。

AT&T 自 2013 年开始推行新方案，已花费 2.5 亿美元用于员工教育与专业培训计划，每年的学费补助也花了超过 3000 万美元。AT&T 估计，总共有 14 万名员工积极参与了 WF2020 人才翻新计划。2016 年 1 ～ 5 月，AT&T 的技术管理工作，有一半是由重新接受在职训练的员工负责，也有 47% 的技术部门的升迁机会给了这些员工。2016 年 1 月～ 2017 年 6 月，AT&T 的产品开发周期缩短了 40%，经营周期加快了 32%。

| 第 6 章 | Talent Strategy

构建一体化的人才管理体系

你缺的不是人才,而是人才管理体系。

——华为创始人　任正非

古往今来干大事者,挥金如土、爱才如命、"杀人如麻"!

——《苦难辉煌》作者　金一南将军

CEO 的思考题

1. 当我们大谈特谈 GE 人才盘点最佳实践时,我不得不遗憾地讲一件事:韦尔奇的继任者杰夫·伊梅尔特已取消了 Session C 人才盘点。早在 2005 年,伊梅尔特就放弃了 GE 在人才盘点和绩效管理中使用的强制排名和末位淘汰。2018 年 6 月,GE 被移出道琼斯工业指数,GE 的市值从 5939 亿美元跌至约 700 亿美元,跌幅达 88%。你如何评价伊梅尔特的功和过?GE 是否应该放弃 Session C 和末位淘汰?

2. 在一个咨询项目的访谈中,一位高管给我讲道:"老板老是觉得自己的人不行,要用外面的人,但是又不完全信任外面的人,他们最后都流失掉了。然后又用回自己的人,还是觉得不行。"你身上有这个问题吗?

3. 20 世纪,福特汽车创始人做出了惊世之举:将日工资上调一倍,工人每天可以赚到 5 美元。他讲道:"每天付给员工 5 美元的高薪,这是我用来削减成本的最绝妙招数。"该如何理解这句话?

人才管理体系的七要素模型

早在 1997 年,在《华为基本法》的起草过程中,起草小组成员黄卫伟教授问任正非:"人才是不是华为的核心竞争力?"任正非的回答出人意料:**人才不是华为的核心竞争力,对人才进行管理的能力才是企业的核心竞争力。**

一句话讲到根本:**你缺的并不是人才,而是一套完善的人才管理体系!** 华为紧密凝聚了 15 万知识型人才,若再翻阅一下华为管理培训教材《以奋斗者为本》,你就会深切地感到,尽管技术很重要,资本很重要,但更重要的还是人才管理体系。人才管理体系七要素模型如图 6-1 所示。

很多企业的人才管理模块之间呈现"孤岛"状态,缺乏内在耦合和钩稽逻辑。凯洛格于 2010 年在其企业大学白皮书 4.0《从培训体系到人才培养体系》中,率先提出一体化的人才管理体系七要素模型。历经多年咨询实践的演进,我再次修正了这个模型,阐述如下。

模块三　人才战略的体系思维

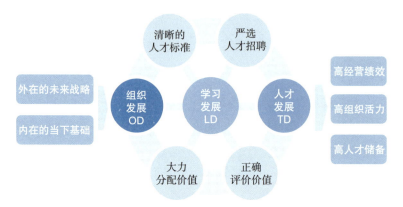

图 6-1　人才管理体系七要素模型

- 七要素模型的起点一直未变，仍然是战略和当下。人才管理的起点是战略，这个观点并没有改变，历经 10 年，我反而更加坚信这一观点。我在第 1 章中讲到，战略是从终局看布局，以未来定义现在，要从战略终局看人才布局。对比未来战略和当下基础，才能发现人才资源的缺口和组织能力的缺口。人才管理需要从这些缺口出发，填补这些缺口，才能让战略变为现实。

- 七要素模型的产出也一直未变，仍然是"三高"卓越组织：高经营绩效、高组织活力和高人才储备。高经营绩效是从财务上看，盈利水平如何、人均效益如何，这反映了已经发生的事实，并不能代表未来。企业拥有高组织活力和高人才储备才能预见持续精彩的未来，高组织活力让企业能持续创新，高人才充足率（特别是高潜力人才充足率）让企业能在巨变、多变的外部环境中，持续学习，正

第 6 章 构建一体化的人才管理体系

如第 4 章所讲，做到"以比对手更低的成本和更快的速度构建核心竞争力"。

- **学习发展始终居于中间位置，一直未变**。哲学家康德讲"人是目的而非手段"。由此，我在 2007 年创立凯洛格时就确立公司使命是"赋能于人"。后来，阿里巴巴首席战略官曾鸣也讲道："未来组织最重要的功能是赋能。"曾鸣的绝对肯定，让我更加坚信 LD 应该居于人才管理体系的中心。我在第 5 章中，以两句中国谚语反复论述了 LD 是 OD 和 TD 之间的转换器。此处的学习发展，既包括狭义的个人培训，更包括广义的组织学习。

- **战略决定组织，组织定义人才**。我们需要把"战略地图"翻译成"组织能力地图"，这样我们就能够清晰地刻画"人才画像"：为了实现战略成功，我们需要具有什么能力的人。有了清晰的人才标准，我们才能把招聘做好！大多数公司用 2% 的精力招聘，却用 75% 的精力来应对当初的招聘失误。

- **企业把正确的人才招聘到公司之后，就需要严谨的"人才发展"的方法和政策，激励人才在岗位上全力创造价值**。有些企业却是这样的：好不容易招到一名武士，却收走了他的剑。我在第 5 章中讲到，TD 的要义是持续改进羊群效应的正负效应。其核心是什么呢？人才战略专家贝克尔教授简要总结为：把 A 类人才配置到 A 类岗位，为 A 类岗位配置 A 类人才。对人才最大的"发展"就是战略性配置，创造环境和机会让人才能够"人尽其才",全力创造价值。

- 要完成这样的人才配置,就需要正确评价价值,以责任结果为导向评价组织与个体,坚持淘汰低绩效与惰怠者,然后大力分配价值,向高价值创造者倾斜。评价价值是分配价值的前置,确保客观和公正地分配价值,以贡献差异性决定激励差异化。如此,在大力分配价值上,拉开差距才能形成有效激励,才能持续激发组织活力。

从 HR 体系升级到人才管理体系

越来越多企业已认识到,卓越的公司不是一家简单的产品公司(product company),也不是一家简单的服务公司(service company),而是一家真正的人才公司(talent company)。得人才者得天下,诸多企业开始广寻人才,招聘到了很多千里马,很遗憾的是 CEO 不会策马,千里马从资本变成了费用。我常讲,人才不是企业的资本,只有那些能够和企业共同朝着一个战略方向努力的人才,才是企业的资本,才有可能产生未来收益。

因此,人才是个相对概念,其他公司的人才不等于你公司的人才,不能忽视人才与组织的关系。试想把一台保时捷 911 发动机安装到一辆农用车上,它显然不能发挥作用,因为底盘不支持、系统不配合。人才是面向战略的,是基于组织的和战略性岗位的。这就是我们讲"一体化"的意义所在,仅靠一个模块不行,任一环节成为短板也不行。

第 6 章　构建一体化的人才管理体系

遗憾的是，很多企业还没有构建一体化的人才管理体系。好消息是，这些企业已经构建了相对完备的人力资源管理体系。人才管理与人力资源管理并非相互独立或彼此对立的，尽管人才管理和人力资源管理的逻辑路径有所不同，但它们并非两条平行线，而是都奔跑在密联战略、推进组织发展的道路上，在卓越的公司终将汇合集成在一起。这两者的逻辑路径到底有何区别？

HR 管理体系以"岗位"为核心构建起来：基于组织定义岗位；再基于岗位进行岗位评估（position），确定薪酬水平和结构（payment）；基于薪酬结构设计 KPI 和绩薪联接方法（performance）；后来又增加了岗位任职资格（personality）。这就是经典的人力资源 4P 体系。

基于这个逻辑路径，HR 体系把人视为岗位的客体，追求同质化和公平性。岗位是同质化的，一个企业的财务总监岗位、店长岗位和竞争对手的这些岗位是一样的，这些岗位在市场上的价值是可比的，岗位的工作内容和绩效要求也差不多。人是手段，岗位上的事是目的。在同一个企业，不同的人应聘同一类岗位，薪酬基本一致，这是为了保障公平性。

人才管理恰好相反，不是把人才视为岗位的客体，而是把人才视为岗位的主体，以人才为核心构建体系。 基于此，**人才管理体系追求的不是同质化和公平性，而是差异化和个性化。** 岗位是相同的，而站岗的人才是不同的，差异非常大！

我在第 1 章中讲到：不管是哪种类型的工作岗位，表现最好的顶尖人才，其工作绩效几乎是平庸者的 4 倍。早在 1995 年，乔布斯就讲道:"优秀软件人才和一般软件人才之间的差距可能是50∶1。在我所做的任何事业上,寻求世界上最优秀的人才都是值得的。"岗位相同,因为人不同而绩效不同。这也是马和千里马之间的差异。

古语讲:"千里马常有,而伯乐不常有""千军易得一将难求"。我们常常讲人才争夺战,而不是人力资源争夺战。这些古语充分体现了人力资源管理和人才管理的区别。人力资源管理的侧重点在"马"和"军";人才管理的侧重点是"千里马"和"将"。

结合前几章内容,我们把人才管理体系七要素模型进一步深化,面向"千里马"和"将",构建出人才战略的七原则,如图6-2所示。人才战略的原则和方法,我们在前面都已经讲过,在此不再赘述。

图6-2 人才战略的七原则

有的 CEO 信奉"相马"很重要，要做好伯乐，能辨马识马；有的 CEO 信奉"赛马"才重要，给机会、给赛道。正如韩愈所讲，"策之不以其道，饲之不能尽其材，鸣之而不能通其意"，这样的 CEO 只能感叹世间没有千里马！**不能构建人才管理体系和未能掌握人才管理方法的 CEO 也只能感叹人才匮乏！**

选对人永远是企业的头等大事

现在，让我们先回顾一下第 1 章最后留下的一道选择题。

奈飞、三星手机提前为通用汽车做好了动作示范，它们成功跨越产业转型期，赢在战略转折点。奈飞创始人哈斯廷斯不仅做对了"第四选择"，还答对了下面这道选择题！

要组建一支能够推动公司持续自我革新、持续成功转型的团队，方法无外乎以下两个：

A. 花大钱招募精英　　B. 延揽中等人才，加大培训力度

你会如何选择？

哈斯廷斯的选择是第一个，贝佐斯的选择也是第一个。正如我在前面讲的，人才越来越呈幂律分布。研究表明，不管是哪种类型的工作，表现最好的顶尖人才的生产力大约是表现平庸者的 4 倍。

奈飞公司认为对于程序型的工作，顶级员工的输出量是一般

员工的 2 倍；对于创新型、创意型的工作，顶级员工的输出量是一般员工的 10 倍！在纽约贝尔纳丁餐厅，顶尖的鱼类厨师胡斯托·托马斯（Justo Thomas）在 1 个小时内处理的鱼，普通新手厨师花 3 个小时才能处理好。

可见，选对优秀人才是一个企业最明智的投资！在经营绩效上，那些能够甄别并任命优秀人才的企业，将比那些只会选用平庸人才的企业高 4 倍。

大部分公司选择的是第二个选项，原因有两点：无法开出高薪酬；更重要的是，没有识别顶尖人才的招聘能力。贝佐斯在给亚马逊股东的公开信中写道："在互联网这种活力四射的环境中，没有杰出的人才是不可能做出成果来的……在人员雇用上我们设置了一道很高的门槛，这一点过去始终是，将来也还是亚马逊成功的唯一要素。"

有句话讲得甚是经典：**大多数公司用 2% 的精力招聘，却用 75% 的精力来应对当初的招聘失误。**不仅在职场上如此，在生活中亦如此，比如找错了人生的另一半。很多企业为了弥补招聘错误，开展了大量的培训发展项目。不过，去教一只鹅爬树，不如直接找一只松鼠，投入大笔资源做事后的在职培训，不如把重点放在事前的招募征才。

贝佐斯的感悟就是：**"我宁愿面试 50 个人而最终一个也没雇用，也不愿意雇错一个人。"**谷歌公司也是如此，他们宁可"漏聘"也不要"误聘"，宁缺毋滥，如果没有合适的人，宁可让职位空着也绝不将就，因为招错一个人的成本极高。

第6章 构建一体化的人才管理体系

谷歌成立招聘委员会来做招聘决策，该委员会有四五位成员，业务部门需要雇用某人，都需要招聘委员会通过。谷歌设置了很多招聘关卡，牺牲招聘效率以保障招聘质量，因为谷歌一直坚信：没有什么比招聘质量更重要。

同时，谷歌认为经理人最重要的技能是面试技巧，要在有限的时间以及人为设置的环境中辨识出应聘者的优势，需要高超的技巧。因此，如何做好面试官是谷歌经理人的必修课。

CEO可以做个自我检测：把业绩最差的10%的员工换成新员工，会为企业整体带来改善吗？如果答案是肯定的，你就需要反思公司的招聘流程和识人方法，看看这些低绩效员工是如何进入公司的。

除了严选之外，谷歌还充分打开了吸引人才的喇叭口。谷歌把招募人才纳入到了每位员工的职责中，并对之进行评估：统计每个人举荐的人数和带来参加面试的应聘者人数；评估员工填写面试反馈表的效率；鼓励员工为招聘出力，并记录员工参与招聘活动的频率。然后，在评估业绩和提拔员工时将这些数据作为参考。

招聘是所有人的工作，你想一想，如果现有的每位员工都必须为公司引荐一位顶级人才，那么公司何愁人才短缺，人才充足率就会快速提升。

胜任力模型要和战略保持一致性

谷歌所有的成功产品都是由坚实的技术洞见作为基础的，而这些坚实的技术洞见来源于谷歌的"创意精英"(smart creative)产品经理,这是最具有"谷歌范儿"的战略性岗位。当然,如果不把"谷歌范儿"具体定义出来,那么不同的面试官就会有不同的理解,面试过程也就变得随意了。因此,谷歌构建了战略性岗位"产品经理"的双 H 胜任力模型来统一人才标准,如图 6-3 所示。

图 6-3 谷歌创意精英:双 H 人才画像

资料来源:埃里克·施密特,乔纳森·罗森伯.重新定义公司:谷歌是如何运营的 [M].靳婷婷,译.北京:中信出版社,2015.

胜任力模型最初应用于美国选拔外交官。美国政府发现外交官的工作成绩差异很大,就请哈佛大学的大卫·麦克利兰教授对低绩效的外交官和高绩效的外交官进行了研究,发现了他们之间的差异因子所在。他在优秀外交官身上萃取了能力和动机,编制成胜任力模型,美国政府就以此模型选拔外交官。

很快,GE、宝洁等公司开始构建领导力模型,以统一的人才标准去选拔人才。GE 早期的领导力模型是 4E+1P 模型:充满活力(energy)、鼓舞众人(energize)、勇于决断(edge)、不懈执行(execute),这 4 个要素经由激情(passion)联结在一起。

宝洁公司采用的是 5E 领导力模型，翻译成中文后也别具中国特色：前瞻力（envision，眼界）、约束力（ethics，道德）、感召力（energize，魅力）、赋能力（enable，影响）、执行力（execute，结果）。

我们现在处于 VUCA 时代，变化应接不暇，创新层出不穷，过往成功的经验也许是未来成功的羁绊。因此，很多企业开始重点测评"潜力"。我比较推崇亿康先达的 1+4 潜力模型——正确动机 +4 种特质（好奇心、洞察力、互动、坚毅），囿于篇幅在此不展开论述。

在人才战略研讨会上，我拿出了很多知名企业的领导力模型，抹掉企业名称后，让同学们去识别，看看能否和企业对应起来。多次测试表明，大部分同学都对应不对。原因不是同学们的见识有限，而是这些领导力模型太通用、太一致，没有企业自己的个性和特色。

3M 公司的领导力模型实现了和自身企业的差异化战略保持了一致性。作为一个传统制造企业，3M 的创新能力仅次于苹果和谷歌，全球排名第三，在其逾百年的历史中开发了 6 万多种高品质产品，平均每两天 3 种，3M 全球每年 35% 的收入来源于最近 4 年的新产品。3M 梳理出了与其"创新核心竞争力"非常契合的素质模型，它由 6 大行为指标组成：开辟道路（chart the course）、抬高标准（raise the bar）、鼓舞同仁（energize others）、多源创新（resourcefully innovate）、践行 3M 价值观（live 3M value）、展现成果（deliver result）。

华为早期充满狼性的领导力模型很朴素，富有任正非的语言特色：敏锐的嗅觉、不屈不挠奋不顾身的进取精神、群体奋斗团队作战。该模型的目的是建立一支英勇善战、不畏艰难困苦、能创造成功的战斗队列，而不是组建一支英俊潇洒、健壮优美、整齐划一的体操队。

同时，任正非指示 HR 部门：必须建立一个适应"狼"生存发展的组织和机制，吸引、培养大量具有强烈求胜欲的进攻型、扩张型干部。华为早期的领导力模型匹配创业之初身居人后、奋起扩张的战略阶段。更进一步的是，华为实现了领导力模型和人才管理体系的其他模块的一体化。遗憾的是，很多企业的领导力模型制定出来后，其用途就是印刷成册或挂在墙上，因没有其他要素模块的有效集成而沦为装饰物。

还有一些企业的 HR 专家沉迷于编制胜任力模型的技术细节，对公司战略的理解恰如盲人摸象，导致领导力素质模型与公司战略无关，更找不到战略性岗位能力模型和组织能力之间的逻辑连接。基于人才管理体系七要素模型，清晰定义人才标准的逻辑应该是：战略决定组织，组织定义人才。人才战略的七原则也告诉我们，必须确保战略性岗位上的胜任力模型具有战略上的差异化和核心竞争力上的匹配度。

价值评价的活灵魂：活力曲线

阿里创始人马云曾经讲过一句话：小公司的成败在于你聘请

什么样的人，大公司的成败在于你开除什么样的人！的确如此，人既是问题，也是答案。我们在前面讲了要招聘什么样的人，现在我们要讲一讲要开除什么样的人！马云认为炒人鱿鱼越早越好，其金句就是："心要善，刀要快。"

杰克·韦尔奇说过："最困难的人才决策是决定谁走谁留。"为此，韦尔奇打造了人才盘点和价值评级中最富有影响力的方法：271强制分布，区分最优秀的前20%（A类）、不可或缺的中坚力量70%（B类）、垫底的10%（C类）。

强制分布让GE识别出A类员工，对A类员工的调薪幅度是B类员工的两三倍，重点保留他们；以各种学习发展活动助力B类员工向A类标准迈进。在韦尔奇看来，管理者不能在C类员工身上浪费时间，GE的选择是直接解雇他们。该方法因为汰弱留强，最大化地激发了GE的组织活力和人才活力，而被冠名为"活力曲线"（vitality curve）。

通过使用领导力4E模型、人才盘点和强制分布的价值评价体系，GE打造了世界上最严格、竞争最激烈的人才管理体系，它也成为GE的核心竞争力。让GE自豪的是，世界500强企业中有173家公司的CEO是GE培养出来的。

当然，活力曲线也备受争议，比如过于严苛残忍。于是，一些企业开始宣布放弃强制分布，包括GE自己。但是韦尔奇认为："把人留在一个无法帮助他成长的地方，才是真正无情的假仁慈。"

在伊梅尔特接掌GE 4年后，2005年GE放弃了强制分布的绩效管理，很快也放弃了Session C人才盘点。2011年5月，《财富》杂志发表了题为《给伊梅尔特评分》的文章,其中写道:"伊梅尔特备受批评的另一项工作就是放弃了人才盘点。"直到 2016 年中期,GE 又开始推动比较严格的绩效评价体系,将员工归为 5 类:模范、杰出者、大力贡献者、需要培训者和不尽人意者。不过,它很快又被 PD @ GE(performance development)取代。新的绩效管理以 App 方式出现,方便对考核结果进行持续沟通,绩效结果不出现数字,尽量不与奖金及薪资直接挂钩。

2018 年,GE 被移出道琼斯工业指数,市值跌了 88%。有意思的是,被 GE 放弃的强制分布被腾讯公司捡了回来。

2018 年,腾讯开启创业以来的第三次变革。在战略上,腾讯重新梳理了赛道,消费互联网和产业互联网两张网;重新绘制了战略大图,不做传统互联网行业的"颠覆者",做数字生态的"共建者",进一步探索更适合未来趋势的社交、内容与技术的融合。在组织上,腾讯成立了 to B 业务统一对外窗口的云与智慧产业事业群(CSIG),新增了平台与内容事业群(PCG)和技术委员会等。

在战略变革、组织变革的基础上,2019 年腾讯又开启了人才变革。在腾讯约 2000 个总监级干部里,30 岁以下的不到 10 人。过去 10 年,移动互联网的巨大红利,让腾讯躺着也能赚大钱,一些干部开始变得安逸守旧,不求有功但求无过。为了改变这种状况,腾讯开启的人才变革集中于以下方向。

- 明确对干部的新要求:无功便是有过,服从大局打硬仗;

知人且善任,"不仅自身硬,还要团队强"。
- 增强紧迫感:增加绩效考核频次,从一年一次变为半年一次;加强同级和下级的多维度反馈在绩效考核中的影响。
- 加大淘汰力度:明确每年各级干部"能下"比例不低于5%。

关于腾讯第三次变革的动因、逻辑和变革内容,我将在第7章中具体论述。

干部管理:热力学第二定理

腾讯在2019年推动的人才变革,早在1999年就已经是华为干部管理的优良传统了。华为在创业之初就从西点军校学来了末位淘汰,其目的是挤压队伍,激活组织,鼓励先进,鞭策后进,在火线中选拔人才。以下是华为末位淘汰制的原则和方法。

- 华为每年有10%的干部末位淘汰率。强调分层分级,每个层级不合格干部的末位淘汰率要达到10%,对于未完成年度任务的部门,末位淘汰比例可适当进一步提高。
- 末位淘汰制度主要针对行政管理者,不针对基层员工。在华为,对12级及以下人员实行绝对考核,但对13级及以上的"奋斗者"实行相对考核。不能笼统地讲总淘汰率有多少,避免拿基层干部来垫背充数。
- 华为把末位淘汰工作融入日常绩效管理工作体系中,立足于绩效,用数据说话,形成制度和量化的方法。

- 在华为，对干部的淘汰，不是将他们淘汰出公司，而是给优秀的人腾出位置。对于下岗的管理干部，不是直接辞退，而是让他们先到战略预备队进行再训练，或转去做边缘化的专家，或到内部人才市场重新去寻找岗位。
- 任正非经常讲烧不死的鸟是凤凰，这是什么意思？华为希望降职的干部不自怨自艾、不牢骚满腹，要正确反思，在新的岗位上振作起来，再次证明自己。组织会犯错误，一时对一个人评价不公是存在的。要承受得起一时的委屈，挑大梁要有承受力，这是华为挑选干部的准则。

2013年，任正非在华为干部工作会议上做了题为《用乌龟精神，追上龙飞船》的演讲，他讲道：

我把"热力学第二定理"从自然科学引入到社会科学中来，意思就是要拉开差距，由数千中坚力量带动15万人的队伍滚滚向前。我们要不断激活我们的队伍，防止熵死，我们绝不允许出现组织"黑洞"，这个黑洞就是惰怠，不能让它吞噬了我们的光和热，吞噬了活力。

基于此，华为的干部管理采用的是淘汰制和选拔制，不是培养制，千里马也要赛马，汰弱择优，其核心精髓可以概况为"一个优先和一个前提"。

1. 一个优先

优先从主攻战场、艰苦地区和艰苦岗位，从影响公司发展的关键事件中选拔干部，优秀干部必然产生在艰苦奋斗的过程中和作战前线中，在大仗、硬仗、恶仗、苦仗中才能出干部。华为确立"干部是自己打出来的"的干部选拔理念，以"上过战场，开过枪，受过伤"为基础，强调"猛将必发于卒伍，宰相必取于州郡"，不能让不懂战争的人坐在机关里指挥战争。

2. 一个前提

提拔的前提是有接班人。千里马要当伯乐，找到或培养出新的千里马。华为在《华为基本法》中就写道："中高级干部任职资格的最重要一条，是能否举荐和培养出合格的接班人，不能培养接班人的领导，在下一轮任期时应该主动引退；仅仅使自己优秀是不够的，还必须使自己的接班人更优秀。"任正非经常讲："作为一个领导，最重要的职责就是培养接班人，不培养接班人，就是对公司最大的不负责。"

在人才战略上领先的公司，具有人才可替代性，而不囿于人才稀缺性，因为其人才充足率高。华为"多梯队、多梯次"的后备人才管理保障了华为良将如潮，华为使用的方法包括人才盘点盘后备（继任计划）、任期管理（人才流动）、之字形轮岗成长（轮岗发展）、百战归来再读书（学习发展）、华为大学导师制、战略预备队训战等。

"热力学第二定理"也告诉我们，没有水位差就没有水力，没有温差就没有风，没有风，地球也就不会有生命，生命的动力就是差异。组织内部有不平衡的差异才会形成持续提升组织活力的动力。华为能够做到"人均效益行业领先"，其方法就是汰弱留强，把奖励和机会向成功者、奋斗者、业绩优秀者大胆倾斜。

人才激励：5 美元的伟大意义

在人才战略研讨会上，我经常问 CEO：在你的企业里，20% 的人能不能拿到 80% 的薪酬？

人才和贡献的规律符合"二八定律"，既然 20% 的人才创造了 80% 的价值，那 20% 的人才就能够拿走 80% 的薪酬。很多企业是做不到的，但是华为能够做到，给火车头加满油，让火车头拼命拉车，带动整个列车跑得更快。

事业机会是吸引人才的第一要素，薪酬待遇是吸引人才的必要条件。华为等公司实行末位淘汰的狼性管理，同时让优秀人才大块吃肉。有些公司，打着狼性管理的大旗，却仅给优秀员工吃少量的草。韦尔奇讲道："很多组织效仿我们把员工分成了 ABC。重要的不是把员工分成 ABC，重要的是分类之后应该做什么。"

一些 CEO 经常问我，高薪酬会大幅提高公司成本，使公司失去成本竞争优势，该如何解决整个矛盾？我一般都不直接给出答案，而是讲一个福特汽车创始人"5 美元"的故事。

20 世纪，福特汽车创始人做出了惊世之举：将日工资上调一倍，工人每天可以赚到 5 美元。5 美元让福特可以选择全美最优秀的员工，再加上创新的生产流水线，使福特大幅提高了生产效率并大幅降低了成本，将 T 型车的售价从最初的 850 美元降低到 240 美元。福特最具智慧的名言就是："每天付给员工 5 美元，这

第 6 章 构建一体化的人才管理体系

是我用来削减成本的最绝妙招数。"5 年后,福特的公司将美国汽车市场的半壁江山据为己有。

和福特几乎在同一时期,1911 年在美国陆军军械部部长的支持下,"科学管理之父"泰勒在麻省兵工厂进行科学管理实验,遭到员工抗拒并引起罢工。国会组成特别委员会展开调查,举行了听证会,泰勒出庭作证,他现场讲道:"高工资与低成本是可以结合的,关键在于科学管理。"

华为依靠技术创新和管理创新,把高薪酬和低成本完美地结合在了一起。华为的人均薪酬水平高达 11 万美元,居于世界前列。同时,华为总薪酬占销售收入的比例维持在 18% 以下,其中刚性的工资薪酬占比为 10%～12%,弹性的奖励激励占比为 6%～8%,这些数字使华为在整个行业中具有成本竞争力。

很多 CEO 也会质疑我:早期的福特公司恰逢汽车行业的高速成长期,有天时有地利;华为处于高科技行业,毛利率非常高,当然可以采取这样的人才战略。那我们就看看既不属于高科技行业也不处在高速成长期的超市行业吧。

以生鲜品类为主定位的永辉超市,启动了以门店为单位的"合伙人制",从员工到店长全员参与,在行业内创造了高周转、低损耗的绝对竞争优势。永辉超市的年人均薪酬从 2011 年的 2.8 万元提升到 2018 年的 6.7 万元,年人均创收从 44.4 万元提升到了 76.6 万元,这两组数据都居于行业领先水平。河南胖东来超市和四川的海底捞火锅亦是如此,它们和华为、腾讯、早期的福特采取的是一样的人才战略。

曾经有一位企业创始人向我进一步请教：我的企业现在出现了亏损，还能这样做吗？这种局面的确非常富有挑战，在此我仅引用福特的话来回答。福特曾对他的供应商说："你要给员工提高工资，不是因为你亏损而无法这么做，正是因为你亏损所以才要这么做！"

高薪酬一方面能吸引来行业内的优秀人才，他们在高薪酬的激励下创造高绩效；另一方面也提高了员工的违约成本，使其自驱力更强，因为一旦失去这份工作就损失巨大。总之一句话：**优秀的员工是便宜的，平庸的员工是昂贵的**！

飞轮效应：创造价值、评价价值和分配价值

永辉超市董事长张轩松在巡店调研时发现，超市里面的一线员工每个月只有2000多元收入，刚刚解决温饱问题，没有什么干劲，顾客几乎很难看到他们的笑容，一线员工的流动率非常高。对于生鲜超市而言，一线员工可是关键人才！如果一线员工的工作状态是"当一天和尚敲一天钟"，那他们码放果蔬的时候就会随意乱丢，不会轻拿轻放。受过撞击的果蔬很快就会变黑，无法吸引消费者购买。损耗率超高、周转率很低，严重降低整个超市的盈利能力。

为改变困局，永辉超市推出了面向一线员工的"合伙人制"：以门店整体业绩任务达成作为参与分红的前提条件，从营运部门到后勤部门，从员工到店长均参与其中，打造共同经营门店的

利益共同体，激发全员全力创造价值。如此，既增加了员工的薪酬，同时也大幅度降低了果蔬的损耗率，提升了客流量和人均营业规模。

在合伙制之上，永辉超市又对超市行业里的另一批关键人才"买手"进行了更大的利益分享——股权激励。永辉超市的案例告诉我们，企业的一切活动都应当围绕创造价值展开，人才战略的核心目标是使关键人才"全力创造价值"，实现这一目标关键在于如何"正确评价价值"和如何"大力分配价值"。永辉超市和华为很好地解决了这些问题。

华为和永辉超市分配价值的理念是以奋斗者为本，人才分享经营成果，给火车头加满油。当关键人才接受这个假设去奋斗并一再得到验证时，这个假设就转化为一种信念，也就是我们通常所谓的价值观和企业文化，引导整个人才队伍积极奋斗和勇于冲锋，让组织活力最大化。

分配价值非常富有挑战，需要处理好两大层面上的六大矛盾。

- 组织集体层面上的三大矛盾：劳动与资本、公平与效率、历史贡献者与当前贡献者。
- 人才个体层面上的三大矛盾：个人与集体、个人期望与组织现实、短期报酬与长期股权。

在短期和长期的平衡上，华为的导向是增加短期激励，将长期激励保持在适当水平上，使干部员工保持饥饿感，处于奋斗激活状态；短期激励是进攻性的，长期激励是稳定性的。企业发展的动力源于这些矛盾的冲突与平衡，解决好，动力自然澎湃涌现。

全力创造价值是大力分配价值的前提，没有价值被创造出来，就没有价值可以被分配。评价价值又是分配价值的前提，确保了分配价值的客观、公平和公正。

评价价值面临三大挑战，依次是：

- 如何平衡短期贡献与长期贡献。
- 如何平衡财务结构贡献与管理过程贡献。
- 如何平衡主观评判（价值观和能力素质）和客观标准（经营目标和工作成果）。

囿于篇幅，我不一一展开详细论述，欲进一步了解大家可以阅读《以奋斗者为本》。

总之，正确评价价值要形成牵引、强化导向，引导员工为客户、为公司全力创造价值。茶壶中的饺子倒不出来，不产生贡献，评价价值时就得不到承认；把煤炭洗得很白，再辛苦也不叫创造价值，反而是损毁价值。**全力创造价值要靠所有人才，正确评价价值要靠 HR 部门的专业性，大力分配价值既依赖于 HR 部门的专业性（会分），更依赖于老板的心胸和格局（愿分）。**

全力创造价值、正确评价价值和大力分配价值这三个模块构成了人才管理体系的核心，这三个模块相互衔接、彼此强化，形成了飞轮效应（flywheel effect），如图 6-4 所示。

第 6 章 构建一体化的人才管理体系

- 对价值创造的追求就是持续有效增长
- 对外：以客户为中心，为客户创造价值，追求持续商业成功
- 对内：力出一孔，利出一孔；胜则举杯相庆，败则拼死相救
- 长期艰苦奋斗：繁荣以后不再艰苦奋斗，就必然丢失繁荣；形成自我批判的纠偏机制

- 以客户满意作为唯一衡量，把煤炭洗得很白，不是价值
- 以责任结果为导向评价组织与个体
- 坚持淘汰低绩效与惰怠者
- 工作绩效考评侧重在短期改进上，宜细不宜粗；工作态度能力的考评侧重在长期表现上，宜粗不宜细

- 个体激励与机会分配向绩优者和奋斗者倾斜
- 增加短期激励，长期激励在适当水平上，使员工具有一定饥饿感，处于激活状态，持续努力工作
- 多劳多得，劳动所得与资本所得比例为3∶1

图 6-4　价值飞轮模型：华为实践

卓越的人才管理体系具有飞轮效应，这个体系无法一蹴而就，不是采取一个举措、一个方法就产生奇迹。CEO 在一开始必须花很大的力气，一圈圈反复推轮子，每转一圈都相当费力。但是为转每一圈付出的努力都不会白费，飞轮会转得越来越快，最终产生突破，自己开始转起来。

4M 模型：从战略地图到学习地图

米百俵精神是一个日本典故，米百俵在日语中的意思是 100 袋大米。日本江户时代，在战争中败北的长冈藩县百废待兴。友军送来 100 袋大米作为慰问，县长并没有把这些米分给手下的武士，而是作为建立国汉学校的启动资金，由此形成了"米百俵"精神：在最艰苦的时候，应立足于长远，忍一时之困难，将有限的资源用于最根本的事业,即人才培育。

有句英文谚语:一个人永远都修不好漏雨的屋顶。这个谚语很像中国企业对人才培育的认知:当企业蒸蒸日上的时候,供需矛盾突出,企业不会让忙于工作的员工去培训;在企业江河日下的时候,企业也不会将有限的财力投在培训上,培训预算往往是最先被削减的!

未来的组织,最重要的使命是赋能。学习发展已经不再是可有可无的经营点缀、最先被斩首的费用预算,而是面向未来的关键投资,是发育核心竞争力的重要引擎。**企业经营就像是睡莲,收入和利润都是浅浅浮在水面上的那朵花,这朵花能否灿烂绽放,完全取决于水面下那些看不见的根系。**

写到此处,我们就不难理解享誉全球的"平衡计分卡"(BSC)四个层面中的最下一层为什么是"学习与发展"了(其他三个层面是财务、顾客、内部运营)。因为唯有学习发展才能驱动卓越运营,唯有卓越运营才能驱动客户满意,唯有客户满意才能带来财务回报。审视一下很多企业的战略规划,我们就会发现对学习发展这一底层的规划思考和资源投入普遍较少。学习发展是战略的根,而这个根恰恰是一棵棵中国企业大树的脆弱一环。

基于此,我们开发了一套工具:基于公司战略,为企业画一张能力图谱,把企业的战略地图转化为能力地图,把它挂在CHO或企业大学校长的办公室里,随时提醒他们的使命不是搞好几个培训项目,而是源源不断地为企业赋能。早在2010年,我就在《从培训到学习》一书中,提出了从战略地图到学习地图的4M方法论，这是对 BSC 模型的致敬，也是 BSC 在学习发展领域中的深度应用，如图 6-5 所示。

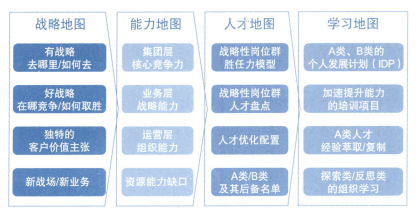

图 6-5　4M 模型：从战略地图到学习地图

早期我将该模型称为 SCL 模型（战略（strategy，S）、能力（competence，C）、学习（learning，L））。后来我做了扩展，加入了人才地图概念，扩展为"4 地图模型"，简称为 4M 模型（M 是地图（map）的首字母）。现在呈现的 4M 模型是基于战略罗盘模型和人才战略方法论于近期更新的。

早在 2007 年创业之初，在为一汽大众提供咨询服务时，我们就系统地提出了学习地图方法论，并撰写成文。学习地图的含义是<u>将人才培养在静态上和岗位能力模型结合在一起，在动态上和职业发展路径联结在一起</u>，以提升员工学习的效率和效能，使其以最快的速度提升能力，尽快、尽早胜任工作任务，并达到优秀水平和杰出水平。

2010年，我们为宁波银行绘制了覆盖全行8个条线、105个岗位簇的学习地图，以加速的人才培养为宁波银行的战略转型和高质量增长加速。宁波银行以学习地图为基础，为员工设计了个性化的个人学习发展手册，帮助学员明确岗位的学习内容和学习计划。宁波银行大力赋能于员工，给员工看得见的未来。

很少有公司能够像宁波银行这样重视人才培养，并进行充分的资源投入。如果预算有限，或者期望获得更高的投资回报，企业可以选择聚焦于战略性岗位群，绘制面向战略性岗位群的学习地图，以及针对战略性岗位群上的A类人才及其后备、B类员工进行重点赋能，把80%的水浇在20%的花上。

过去的学习地图更加强调能力添加型学习。面向多变、巨变的VUCA时代，A类人才是自燃物，自我经验和技能丰富，更加需要面向未来的探索型和反思型学习。关于这方面的内容，我们将在第7章中详细论述。

评估本企业人才战略的成熟度

面向ABCD的新科技时代和VUCA的动荡时代，人才争夺战更是一场"持久战"！很遗憾的是，很多企业家在人才管理上是"豆芽思维"：希望人才能像"豆芽"一样在三天内快速长成。在短期内看不到成效时，CEO便开始大敲退堂鼓，缺乏长期主义精神。

豆芽思维让CEO以被动反应的方式对待人才，经常采用救火式招聘、应急性培训。人才管理体系建设是"日拱一卒，功不唐捐"的长期工程,这就更强化了"豆芽思维"恶性循环:人才短缺阻碍企业增长,使企业面临更大的业绩压力;业绩压力又进一步促使 CEO 将注意力放到短期业绩和具体业务上,造成在人才管理上投入的时间、精力不足。

人才争夺战需要摒弃"豆芽思维",既要制定"猎人"式的制胜策略,也需要"农夫"般的耐心经营:围绕七要素模型,构建一体化的人才管理体系,持续投入激发飞轮效应。基于前面的内容,CEO 可以依据图 6-6,评估一下本企业的人才战略发展阶段。

在 HR 圈流行着一种"最佳实践":找到名企的 HR 最佳实践,对标学习。比如,先学习惠普的 HR 管理;惠普没落了,开始学习 GE 和宝洁的 HR 管理;GE 和宝洁也没落了,就开始学习华为和阿里的 HR 管理,此起彼伏。

一些 CHO 以模仿对标替代了独立的战略思考。我并没有完全否认对标的意义,推动运营改善是任何企业在任何时候都要做的,但是这一切都要围绕明确的战略定位展开。虽然轮子永远是圆的,但它们有不同的尺寸、厚度和材质。别人的最佳实践也是如此,关键是要看是否与企业的战略定位匹配。

在本书中,我也讲了很多知名企业的最佳实践,有些案例我翻来覆去地讲述,旨在论述它们构建了"与差异化战略相匹配的人才管理"。如果要对标,请对标该"原理"或"原则",而不是简单照搬某一具体做法。我们引入战略性岗位、关键人才和重要人才、边际绩效贡献率等诸多概念,旨在论述:战略差异化,人才管理也要差异化!

	同质化的HR管理	差异化的人才管理	人才的超级竞争者
战略影响力	• 对战略优势形成的驱动弱,价值在规范管理	• 对战略优势形成的驱动强,正面强化战略差异化	• 人才战略优势的直接构成,领先人才本身是核心竞争力
工作方法论	• 模仿知名企业的HR最佳实践 • 合规导向的工作方法 • HR部门主导	• 从自身战略出发,寻求战略一致性 • 循证导向的工作方法 • HR主导,CEO参与度高	• 从核心竞争力出发,全球视角的人才配置 • 长期主义的实验循证导向 • CEO和CHO联合主导
人才经营力	• 对本地人才有吸引力 • 人才充足率和人均效益一般	• 对行业内人才有吸引力 • 人才充足率和人均效益行业领先	• 具有全球顶级人才的虹吸效应 • 人才充足率和人均效益全球领先
体系完备度	• 基础性模块完备 • 孤岛状态	• 体系完备 • 一体化、模块集成	• 体系完备、模块集成 • 各模块攻方法创新领先
能力及角色	• 基础建设者 • 组织规范者 • 人力资源事务专家	• 战略支撑者 • 能力建设者 • 人才战略定位专家	• 创新构建者 • 变革主导者 • 人才资本管理专家

图 6-6 人才战略的成熟度模型

第 6 章　构建一体化的人才管理体系

我在第 2 章中讲到,人才盘点就是人才循证,循证导向代表了面向未来的人才决策模式。我在第 3 章中讲到"边际绩效改进收益率"更是人才循证工作法。人才战略需要更多的人才循证,举例如下:某一战略性岗位的后备人才充足率达到多少是合适的?这就需要结合这类人才在外部人才市场中的稀缺程度来决策。又如,A 类人才的薪酬提高多少,就可以将人才流失率降低到多少?

人才战略的落地,需要细腻的运营去支撑。谷歌索性把人力资源部改名为人力运营部(people operations),以强调 HR 应该像业务部门一样运营:市场主导和数据驱动。该部门曾开展了一项涵盖逾 100 个变量的数据研究,去实证优秀"工程师经理人"的共同行为是什么。谷歌后来总结出八大行为,用于考核工程师经理人。

人才战略的成熟度模型对 CHO 提出了更高的能力要求,期望 CHO 能够成为战略支撑者、能力建设者。对处于产业转型期的企业,CHO 要成为创新构建者和变革主导者。戴维·尤里奇的研究也表明,CHO 的职责和能力与日俱增。该研究发现,在 CXO 序列高管薪酬水平中,CEO 和 COO 是薪资最高的,CHO 位居第三,超过了 CFO 和 CMO 等,CHO 薪资水平的提升与其责任的增加相匹配。

随着 CHO 的角色提升、能力要求越来越高,其和 CEO 的相似度越来越高,一些 CHO 开始被提升为 CEO。原汉高公司 CEO、现阿迪达斯 CEO 卡斯帕·罗思德就是一个从 HR 副总裁晋升为 CEO 的成功典范；GM 现任 CEO 玛丽·巴拉也出身于通用汽车 CHO，她正在推动 GM 进行史上最富有挑战的战略转型；在中国，红星美凯龙总裁谢坚、方正集团 CEO 谢克海、宁波银行上海分行行长徐雪松、原 TNT 公司 CEO 徐水波都是从 CHO 升任 CEO 的代表。

写到这里，对于本章的总结，我仅用一句话：最终，公司竞争比拼的不是人才的数量，也不是人才的质量，而是人才管理体系，是 CEO 和 CHO 躬身入局、联袂共创的体系。

模块四

Talent Strategy

人才战略的生态思维

第7章 Talent Strategy

组织冰山和人才生态

> 变化的未来并不可怕，可怕的是，在变化的未来我们仍然沿用过去的逻辑。
>
> ——管理大师 德鲁克

> 华为运作模式从现在到未来的改变是从"一棵大树"到"一片森林"的改变。
>
> ——华为创始人 任正非

CEO 的思考题

1. 在上一章中，我讲到了 2018 年腾讯开启创业以来的第三次变革。在战略上，腾讯重新梳理了赛道：消费互联网和产业互联网。在组织上，它成立了 to B 业务统一对外窗口的 CSIG。通过这次变革，腾讯要加速进入新航道，腾讯要面对不太熟悉的新业务和新客群；同时，在收入和盈利上，to B 业务还无法和现有的 to C 业务相提并论。腾讯过去的两次大型组织变革都成功了，你认为目前它正在进行的变革会不会失败？

2. 你的企业曾经进入过什么新战场或开展过什么新业务？成功概率有多大？一些新业务失败的共同原因是什么？
3. 阿里巴巴可谓良将如潮，但是在过去 5 年中，阿里大文娱更换了 3 任负责人、10 位核心高管，包括名人高晓松、宋柯、阿里合伙人俞永福等。2018 年，大文娱板块亏损 158 亿元。马云讲的"老人做新事"在阿里大文娱不灵，克里斯坦森讲的"新人做新事"在阿里大文娱也不灵。面对新战场和新业务，你的用人偏好是什么？

战略决定组织，组织决定成败

面向未来，所有互联网巨头都看到，互联网即将转入下半场，互联网不再是一个产业，而是所有产业的核心能力之一。未来，所有成功的企业，都会是数字化企业，下半场将会成为 ABC（人工智能（AI）、大数据（big data）、云计算（cloud）的广阔舞台。

基于此，2018 年腾讯开始重启变革，重构了战略大图。

- 我是谁：做生态的"共建者"，不做传统互联网行业的"颠覆者"。
- 去哪里：在连接人、连接数字内容、连接服务的基础上，进一步探索更适合未来趋势的社交、内容与技术的融合。
- 在哪竞争：重新梳理了赛道，确定了消费互联网和产业互联网两张网。

- **如何制胜**：靠三个关键词去赢，开放、连接、共建；同时，增强 to B 能力。

在组织上，2018 年 9 月 30 日，腾讯进行了创业以来的第三次重大组织调整，被称为"930 变革"。这次组织变革一方面保持了深耕垂直领域的原有优势，保留原有的企业发展事业群（CDG）、互动娱乐事业群（IEG）、技术工程事业群（TEG）、微信事业群（WXG）；另一方面，成立了 to B 业务统一对外窗口的云与智慧产业事业群（CSIG），新增了平台与内容事业群（PCG）和技术委员会，进一步突出聚焦融合效应。

这是腾讯成立 20 年历史上，第一次出现完全 to B 的部门架构，原本分散在各个事业群下面的 to B 业务，获得了一个统一的接口，以更加聚合高效的方式为企业客户提供服务。

旧组织无法执行新战略。腾讯整个变革的内在逻辑非常清晰：战略决定组织，组织跟随战略，组织决定成败！这是著名管理大师钱德勒在对通用汽车公司、杜邦公司等美国 70 家大型公司的发展历史进行深入研究后总结出来的黄金定律。很多企业的战略无法落地，核心原因往往就是没有及时调整组织，或者没有能力挑战现有组织。因此，我常讲，战略一旦经过调整并确定下来，第一要务就是调整组织结构！

企业成长存在"组织封顶"或"组织天花板"现象：外部空间是企业长大的天花板，组织模式是企业长高的天花板。管理学家格里纳（Greiner）在《组织成长中的演变与变革》一文中指出：

"组织在某一阶段的最佳管理实践将会带来另一阶段的管理危机。"

曾经的战略是成功的,与过去历史阶段下的战略相匹配的组织也是成功的,但是未来是变化的。如果战略调整了,而组织没有调整,整个企业就会陷入"刻舟求剑"的状态,穿旧鞋走新路。**组织惰性往往大于战略惰性**。战略调整相对容易,组织调整极其艰难。因为,组织背后是人,涉及权力划分和地盘划分,同时组织背后的管理流程和资源配置优先级也存在着惯性。

腾讯的战略大图是要发力产业互联网,并加速提升 to B 的能力,这就需要在组织架构上找到支撑和呼应。这种支撑和呼应要在组织层级上足够高、在领军人才配置上足够强,不然所谓的支撑和呼应就会被现有的核心业务和现有的资源配置优先级淹没。腾讯为了突破组织的天花板,定期调整组织结构,同时推动了很多组织创新,全力改变组织惰性。

从逻辑顺序上讲,战略先于组织,但是就重要性来说,组织胜于战略,因为战略容易模仿,组织难以复制。战略的脆弱性就是你无法阻挡竞争者模仿、复制,组织则不然,因为组织是一个非常复杂的系统。

组织冰山

组织的系统复杂性在于它不仅仅是一张组织结构图。在组织结构图下面,有一座看不见的冰山,这座冰山经过长期进化、沉淀而来,很难被竞争对手复制。这也注定了其惯性巨大,在短期内难以改变运行方向,组织惰性的隐形力量超乎想象。

"组织冰山"理论是组织变革和组织发展的重要基础理论,如图 7-1 所示。组织冰山由什么构成或累积而成呢?我经研究发现,核心构件是资源配置优先级、影响力决策网络和经验理论,其可见度由高到低排列。

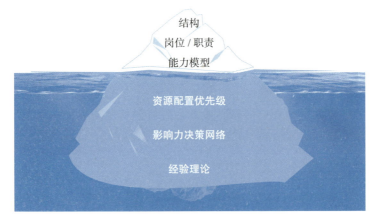

图 7-1　组织冰山模型

1. 资源配置优先级

现有核心业务往往是高利润贡献者或高收入占比者,它们的资源配置优先级往往最高。毕竟这些业务是"现金奶牛",它们创造了利润现金,它们最有相对权力去配置这些利润现金。谁愿意挤自己的奶去喂别人家的孩子呢?当必须要挤奶时,分管这些业务的高管就会编制战略发展规划,做出超越必要性的营销投入或长期的研发预算，多喂奶给自己，少挤奶给别人。毕竟，高管"肥水不流外人田"的资源支配心理都很强。

同时，如果一家公司已经适应了高毛利率的经营环境，资源配置优先级就会促使诸多管理层否决毛利率低的新产品创新提案。因此，低毛利、不盈利、收入份额小的业务在资源配置上没有优先级，尽管在公司战略上，这些业务是高高在上的。集团总部或公司总部可以进行强制资源配置，但效力往往不强，原因何在？原因在于第二个构件：影响力决策网络。

2. 影响力决策网络

任何一家公司的管理决策都是灰度的，没有完全客观的数据去支持理性决策，偶尔有的话也是面向过去的，无法呈现未来。因此，高管在开会做灰度属性很强的决策时，全靠影响力。通俗地讲，决策就是看谁嗓门大，看谁底气足。

那些低毛利业务、不盈利业务、收入份额小的业务，其领军人物在日常决策会议上，自然嗓门大不起来，底气也不够足。任何一家公司的资源都是有限的，嗓门不大、底气不足的领军人物在获取有限性资源上，往往处于下风。

新业务被定义为战略重点，在刚刚开始时，新业务的领军人物也能嗓门大、底气足。随着时间的推移，如果新业务发展经常不如预期，领军人物过度自信并过度承诺，那么领军人物在整个组织内部的影响力就会江河日下。

也有人会质疑：这些业务在战略上是至上的，他们可以在决策会议上不拼嗓门和底气，可以"讲理"呀！"讲理"可以，遗憾的是效力也很低，原因何在？原因在于第三个构件：经验理论。

3. 经验理论

先前的经验往往是未来的指引。经验理论是基于过去的经历和成功的经验而形成的"归纳、投射和迁移"，比如腾讯的"小步快跑、快速迭代"，碧桂园的"快周转"等。知名企业家的"经验理论"一经提出，就会被一些大学教授或研究者在理论上进行拔高、渲染和引经诠释，进一步强化企业的"自信"。**企业过往越成功，经验理论就越根深蒂固，整个组织和管理层的"过度自信"就越来越自我强化。**

现有核心业务往往非常成功，很多高管层会在不自觉中用这些经验理论去"投射"指导新业务的发展方向，甚至指导日常运营管理。在新业务出现短暂困难时，这些理论并不会弱化干预，反而会变本加厉，强化干预。

因此，新业务"讲理"也讲不过现有核心业务，而且新业务的经营时间比较短，还无法总结出"自信"的经验理论。讲外部的理论、讲别家企业的最佳实践，更高级别的管理层往往也没有体会，毕竟没有亲自经历过、验证过。

哈佛商学院著名创新大师克里斯坦森在其名著《创新者的窘境》中写道：**"面对新技术和新市场，往往导致失败的恰好是完美无瑕的管理。"** 这句话意味深长，在面对新业务、新领域或新客群时，很多企业的组织变革会撞上"组织冰山"。

第 7 章 组织冰山和人才生态

腾讯的变革会不会撞上组织冰山

为什么很多大型公司在面临产业转型期和战略转折点之际，都没有逃离失败的宿命？手机行业已经完成了产业转型，从功能机时代转型到智能机时代，其中有多少家公司成功逃离了失败的宿命呢？

功能机时代的王者是诺基亚、摩托罗拉、爱立信和三星；智能机时代的王者是苹果、华为、小米和三星。成功穿越产业转型期的只有三星一家。赢在战略转折点上的企业，很多都是原来不做手机业务的，比如苹果公司和小米公司。原因何在？不是因为它们不努力、不聪明或没有钱，是因为它们在产业转型期的关键时刻，撞上了"组织冰山"，变革受阻而失败，无法成功转型。

带领富士成功转型、成功对抗了"组织冰山"的 CEO 是古森重隆先生，他在其新著《灵魂经营》中刻画了组织冰山的破坏性：

这些创新的项目研究，大多数都以失败告终，最主要的原因是胶卷这个利润率高、市场占有率大的核心业务还在继续创收……新领域的业务项目一般都不能马上获得收益，即使创收，也无法和胶卷行业的利润相提并论，因此，轻视开拓新的业务领域的意见仍然占主流。经营决策层放弃了开拓新发展领域的研发投资项目。

腾讯过去的两次大型组织变革都成功了，目前正在进行的组织变革会不会撞上"组织冰山"呢？我的预判是：肯定会，这次腾讯组织变革的难度是过去的几何级倍数！让我们先回顾一下腾讯过往的组织变革。

腾讯在 2005 年发布了《腾讯 5 年战略规划》，以此开启了第一次组织变革，成立了 5 大产品事业部。5 大产品事业部可以被看成 5 家独立的公司，各凭其力，对抗所有的竞争对手。这种以产品为基础的事业部架构成为当时业务发展的重要助推器，帮助腾讯形成了一套非常坚固的产品体系。

很快，这种组织架构也为腾讯带来了诸多困扰：组织决策复杂，各自为政；各事业部依赖 QQ 导入资源，在激烈争夺资源的过程中，破坏了 QQ 的用户体验，也导致大家吃老本，创新不足；诸多移动互联网时代的新产品、新领域难以被清晰划归到某一事业部。

2012 年腾讯开启了第二次大规模的组织变革，调整每条业务线（business unit，BU）原有分工，升级为事业群（business group，BG），每个 BG 更加闭环化，全面把控 PC 端、移动端产品的开发，使腾讯能够以更加开放的姿态去拥抱移动互联网。2014 年 5 月，腾讯撤销了电商业务，微信单独成军，成立了微信事业群（WXG）。腾讯形成了以微信和 QQ 为主的双社交平台架构。

腾讯过去的组织变革，有挑战但是挑战都不大，因为都是在 to C 的单一主航道上开展的，没有增加新航道，这些都是腾讯上下熟悉的战场，也都是高利润的领域。过去的组织变革都是狭义的"组织结构调整"，不过是在熟悉的战场上调整一下阵型而已。

组织变革，不仅仅是组织结构调整！腾讯 2018 年开启的

"930 变革",可以称为广义的组织变革。这次变革不仅涉及组织架构调整,还进入了组织变革的深水区,有可能撞上巨大的"组织冰山"。

组织冰山对这次组织变革的阻力和破坏力为何如此强大?因为通过这次变革腾讯要加速进入新航道,那里有腾讯不太熟悉的新业务、新领域和新客群;更关键的一点是,在收入规模和盈利能力上,to B 这一领域还无法和现有的游戏业务、社交业务相提并论。

腾讯这次组织变革所面临的情境,恰恰就是"组织冰山"三个构件发挥作用力的适宜温床。腾讯 COO 和新任平台与内容事业群总裁任宇昕讲道:"每一次对之前错误的修正就带来一次组织新的进化过程。"腾讯这次组织变革能否完成这一最富有挑战的进化使命,还需要更长时间来检验。

组织学习的真正意义是学会忘记

管理大师柯林斯在《基业长青》中写道:"高瞻远瞩的公司是在模仿生物物种的进化。达尔文《物种起源》中的进化概念,比任何一本管理教材都能更好地诠释高瞻远瞩公司的卓越之道。"组织发展就是要让组织进化最大化。

提到模仿生物物种,我想起了蚂蚁。蚂蚁可以解决最为复杂的物流问题,当环境变化时,蚂蚁可以迅速进行运输路径最优化,因为蚂蚁拥有快速忘记旧路径的能力。这正是应对组织冰山的最大智慧，我们需要向蚂蚁学习。

正如德鲁克所言："**变化的未来并不可怕，可怕的是，在变化的未来我们仍然沿用过去的逻辑**。"应对组织冰山的困难不在于产生新观念，而在于摒弃旧观念，忘记那些过去的"经验理论"。

我们认知组织冰山的存在，是从上而下的，从可见度最高的"资源配置优先级"开始到可见度最低的"经验理论"。而要突破组织冰山的阻碍，在组织转型变革中，我们需要从下而上的改变，从最底层的"经验理论"开始。

"小步快跑、快速迭代"曾是腾讯成功的"经验理论"：无论客户好评或客户差评，都要以最快的速度知道客户的反馈和市场结果，通过一次又一次的快速迭代让产品逐渐丰满完美。马化腾讲道："有人一上来就把摊子铺得很大；有人习惯于追求完美，总要把产品反复打磨到自认为尽善尽美才推出来；这些做法在实践中经常没有太好的结果，市场从来不是一个耐心的等待者。"

高周转是碧桂园杨国强的"经验理论"，他坚信："高周转是我们战无不胜的法宝，高周转是抵抗任何风险最有效的手段。"碧桂园的"456模式"（拿地4个月开盘，5个月资金回笼，6个月资金再周转）已经成为整个房地产行业的最佳实践，业界争相效仿。

"经验理论"的概念含义就是这些理论源于具体企业的具体经验，并没有经过大样本量的实证检验，也没有经过跨足够周期的时间检验。总之，**经验理论是复杂的、有噪声的、内生的、主观的和小样本的**。因此，"经验理论"的适用性有很大的局限性，适用于某个历史阶段，或适用于某项具体业务，或适用于某类客户群体。

碧桂园的"456模式"适用于中国房地产的高速成长期，但不适用于房地产行业的成熟期或者下降期。腾讯的"小步快跑、快速迭代"适用于 to C 主航道，但不适用于 to B 主航道。

腾讯云与智慧产业事业群总裁汤道生也体会到这一点，他在接受媒体采访时讲道："以前做 to C 产品时，我自己就是用户，我打开手机体验一下产品，就能够从用户角度找到问题和优化空间。但做 to B 业务时，我自己不再是最终用户，需要跟多个客户交流和理解他们的需要，以理解行业的共性需求，这是很不一样的模式。"

组织变革，就是让组织从过去解放出来。但是，要做到这一点非常具有挑战性。德鲁克的老师、著名经济学家熊彼特在其 1912 年出版的名著《经济发展理论》中对此做出了回答："一切知识和习惯一旦获得以后，就牢固地根植于我们之中，就像一条铁路的路基根植于地面一样……我们感到极其难以接受一个新的科学观点或方法。思想一而再，再而三地回到习惯的轨道，尽管它已经变得不适合……"

把"经验理论"悬挂起来

经验理论来自哪里？来自过去的成功。很多高管层会从过往的成功中提炼经验、总结规律和形成理论，尽管这些仅是"假设"并非"真理"。经验理论的问题也不在于它是对还是错，而在于

我们经常忘记了经验理论不过是"一种简化了的假设",以及它常隐藏在人们的心中不易被察觉与检视。

曾几何时,美国大型汽车公司不会说:"我们有一个假设,所有的人都在乎款式、不关心油耗,这是我们的经验理论。"它们会直截了当地脱口而出:"所有人都在乎款式,不在乎油耗。"因为它们一直未觉察到自己的"假设"或"理论",所以假设和理论没有得到必要的质疑和论证,就一直存在并投射在企业的各种决策行动中。现在,在新能源汽车和无人驾驶等产品日益发展的产业转型期,传统的燃油汽车制造商又会有什么样的"组织冰山"在妨碍着它们进行成功的战略转型呢?

如何改变这样的被动局面呢?我建议采用以下几个方法。

1. 悬挂假设

先把公司过去的"经验理论"全部列出来,特别是备受媒体关注和学者吹捧的。然后,高管层聚在一起,不再视这些"经验理论"为不可动摇的"信条或定律",而是把它们当成"假设"进行深刻的批判,不断地进行质询。

- 这些理论的假设是什么?
- 这些理论的适用条件是什么?外部的适用条件有没有发生根本性的变化?
- 这些理论有何局限性、劣势或者坏处?
- 过度应用这些理论,会导致什么问题或风险?
- 我们如何防止被这些"假设和经验"绑架?

2. CEO 再主张

CEO 需要把否定"经验理论"和否定自己区分开来。经验理论毕竟是 CEO 过去的荣耀光环，很多 CEO 没有勇气去放弃、否定它，好像否定这些理论就是否定自己。即使经验理论已经不合时宜，CEO 的一些铁杆追随者也会全力粉饰、修补，这样有可能在组织内部形成路线之争，甚至是"剑宗气宗"的门派之斗。

此时此刻，就需要 CEO 尽快自我构建"新主张"，让自己成为最严厉的批评者。伟大的 CEO 会在外在世界还没有要求改变前，就开启自我批评。

华为曾经的"经验理论"是：华为不需要科学家，华为需要工程商人。早在 2002 年，任正非在一次演讲中讲道："不要老想着搞最先进的设备，搞最新的技术。我们不是做院士，而是工程商人。工程商人就是做的东西有人买，有钱赚。"

任正非的厉害之处就是勇于自我否定，构建"新主张"，他最近讲道："当年，华为是急着解决饭碗问题，顾不及科学家的长远目标……今天我们已经度过饥荒时期了，有些领域也走到行业前头，我们要长远一点看未来，我们不仅需要工程商人，也需要科学家。"

3. 控制压力下重返

组织具有强大的记忆根源，这样的记忆源于本能：当我们面对不确定性时，我们的压力提升，我们就会自然转向熟悉的东西。特别是在新业务成长不如预期，新方法因应用不熟练而出现错误时,很多高管层就会在大脑里不断"下载"过去的经验理论,对正在构建的新理论(新主张、新方法或新业务)进行防卫性抵制。这些高管熟练掌握了过去的"经验理论"并且经验丰富,使防卫性抵制更加振振有词、言之凿凿。

组织学习要解决的问题,就是有效克服这种组织防卫。组织学习和高管学习是为了弥补"已经知道"和"应该知道"之间的差距。不能有效忘记已经知道的,将严重削减学习的努力程度和有效程度,陷入"熟练性不胜任"(skilled incompetence)的被动境地。"熟练性不胜任"是由管理大师克里斯·阿吉里斯(Chris Argyris)提出的概念,意思就是一批经验丰富和技能熟练的高管,在面对新业务和新游戏规则时,陷入无法学习进而无法胜任的局面。

阿里大文娱的焦虑:新人新业务还是老人新业务

如何改变这种局面,创新大师克里斯坦森教授的建议是:让围绕新技术或新市场的新业务,全部独立出去,不受主流客户或主流业务的左右;比较好的进入方式是并购或投资;同时,最好聘任外部的新人来领军这些新业务。

马云最提倡的做法却是:"老人做新事,新人做老事"。老人做新事,可以让老人换换姿势保持激情;同时,他们熟悉公司,富有人脉,更能调动公司内的资源帮扶新业务。不过,现实世界并不是如此简单的。让我们看一看阿里大文娱的现实挑战。

第 7 章 组织冰山和人才生态

从 2014 年开始，阿里陆续在文学、音乐、游戏、影业、视频和体育业务上重金收购和布局，并于 2016 年 10 月正式筹建阿里大文娱板块。5 年过去了，旗下曾经第一的优酷视频被腾讯视频和爱奇艺超越，2018 年大文娱板块亏损 158 亿元。5 年过去了，阿里大文娱更换了 3 任负责人、10 位核心高管，新生代干将、职业经理人、阿里元老来了又走，具体如下。

- 新人做新事。2015 年 7 月，高晓松和宋柯分别出任阿里音乐董事长和 CEO；2016 年后，高晓松和宋柯就逐渐从日常管理中淡出，很快宋柯离开了阿里。
- 老人做新事。2016 年 10 月阿里大文娱成立，阿里合伙人俞永福任负责人，曾经成功整合阿里移动业务、带领高德地图超过百度地图的俞永福被寄予厚望。1 年后，2017 年年底俞永福卸任，转任阿里巴巴 eWTP 投资小组组长。
- 元老做新事。2019 年 6 月，2007 年就加盟的老阿里人樊路远担任阿里大文娱总裁。他曾任职于阿里发展规划部，并担任过支付宝事业群总裁。

无论是克里斯坦森的"新人做新事"，还是马云的"老人做新事"，在阿里大文娱这个案例上都不成功。《财经》杂志的高洪浩在一篇报道中质问："大文娱缺的是钱吗？不是，没有人会质疑这一点。缺的是理想主义和对行业的深刻理解吗？不是，高晓松和宋柯证明了这一点。他们缺的是集团支持吗？俞永福和樊路远的接连到来证明了不是。"

跳出具体的个案，很遗憾的是，我没有检索到这方面的实证研究，没有对内部老人（insider）和外部新人（outsider）领军新业务的绩效进行对比的实证分析。一家公司究竟应该从内部还是从外部挑选新业务的领军人才？我在此仅仅罗列一下我认为需要深入思考的相关问题。

- 新业务和老业务的相似性如何？新业务是老业务的自然延续，还是和老业务截然不同：不同类型的客户群、不同的游戏规则等。相似度高，我建议用内部老人；差异性大，我建议用外部新人，因为需要外部新人快速为组织带来新经验和新能力。
- 整个公司的经营局面如何，老业务已经陷入了困境还是仍为稳定的现金奶牛？如果公司经营局面良好向长，我偏向用内部老人；如果老业务已经病入膏肓，我偏向用外部新人，因为外部新人约束少、人情少，可以大刀阔斧地推进改革。
- 公司资源配置优先级的刚性和战略性如何？如果公司的资源配置优先级具有刚性和战略性，不是靠嗓门大、底气足，不被人情关系所左右，我建议新业务可以大胆启用外部新人。

良将如潮的阿里在大文娱上的问题究竟出现在哪里？我的推测是，阿里在人才管理上已经形成了很多"经验理论"（诸如老人做新事、新人做老事等），经验理论的背后就是"过度自信"，过度自信就会陷入"熟练性不胜任"并失去"知性谦逊"。在整个阿里,已经很少能够看到"知性谦逊"的眼神。

我认为,"知性谦逊"才是应对未知、对抗组织冰山、驾驭新业务的关键素质,而不是过度自信。我在第 8 章中将详细论述这一点。

3H 模型:从第一曲线到第三曲线

阿里做大文娱,是马云双 H 战略的充分体现:大健康(health)和大快乐(happiness)!阿里要实现持续增长,就需要不断探寻新领域、新区域、新客群、新业务,为未来增长播下希望的种子。在此,我不是要展开论述阿里的双 H 战略,而是要引出一个经典的战略模型,即 3H 模型。

3H 模型是指任何一个企业要持续增长,都需要布局三个层面的业务组合:核心业务 H1、成长业务 H2 和新兴业务 H3。H 是地平线(horizon)的首字母,三层面就是三条成长的地平线,意味着公司业务组合的"时空结构":从业务的"空间结构"来看,所有业务围绕核心能力或市场机遇,形成"众星参北斗"的态势;从业务的"时间结构"来看,新兴业务、成长业务、核心业务能够相互接替,形成鳞次栉比之势。

- **核心业务 H1 是公司的粮仓和根据地。** 这些业务为公司贡献大部分的收入利润、能力优势和人才储备。其战略重点是最大限度地发挥其潜力,维护行业地位,持续提升盈利能力和运营效率。

- 成长业务 H2 是公司的新增长空间。这些业务涌现着增长的澎湃动力，可以为公司贡献增长速度、收入规模和市值期待。这类业务仍需要不断投入以获得领先性的增长速度，可能会有利润但不可能带来太多的现金积累。其战略重点是加速增长抢占市场份额，积极开挖能力"护城河"，打响人才争夺战。
- 新兴业务 H3 是公司为未来的持续成功播下的"种子"。企业要创造有未来生命力的种子，有的种子会深埋于大地，有的种子会长成参天大树，成功演变成 H2 和 H1，让公司能够持续拥有精彩的未来。H3 可能是个技术研发项目，也可能是对新商业模式的一场战略实验，还可能是对拥有新技术或新模式的创业企业的风险投资。其战略重点是在全球范围内扫描相关领域的技术动向或创新产品，通过自建、并购或投资的方式把握未来趋势。

持续拥有精彩未来的关键是保持新旧业务的流畅更替，对三层面业务组合进行"三管齐下"的均衡布局。一些企业没有在风头正劲之时为未来播撒种子，导致发展后劲不足；也有很多企业，其核心主业基础未稳，却盲目推行多元化，陷入大而不强、资金紧张、负债高企的被动局面。"大河有水小河满"，企业需要在核心业务处于盛年期时就创建和发展新兴业务，从而保证旧业务衰落和新业务兴起之间没有太大的时间延迟，带来"小河有水大河满"相互受益的局面。

实现均衡布局不等于在三个层面上拥有同样数量的业务。H3的成功率低，这意味着为有一个成功的H2，需要在第三层面上储备很多的H3。同样，并非所有H2都能进化成H1。因此，通过三个层面的均衡布局就形成了一个更像漏斗的业务组合更新管道。

比仅在每个层面有多少个项目更有意义的是资源配置优先级和配置刚性，类似谷歌公司的70/20/10法则。谷歌董事长对此的阐释是："我们将70%的时间用在核心的搜索、广告业务上；20%的时间放在与之相关的周边业务上，如谷歌新闻、谷歌地图、谷歌人文地理；剩余10%的时间应该被用于开发全新业务。"这个法则确保核心业务占用大部分资源，蓬勃发展的成长业务可享受一定的投资，而与此同时，异想天开的疯狂构想也得到一定程度的支持，以防成为不可避免的预算削减的牺牲品。

很多公司在谋求持续增长的过程中，不得不面对一项业务衰落和另一项业务兴起之间有一个痛苦的时间间隔的情况。在本书第1章中，我讲到：公司必须赶在现有业务S曲线（第一曲线）逐渐消失或抵达增长天花板之前，开始一条新S曲线（第二曲线）。

从园林到森林：差异化和多样化的人才生态

我们在第1章中讲到，像奈飞这样成功自我革新和战略转型的公司，它们将注意焦点扩大到战略 S 曲线之外，管理好一条看不见的隐藏曲线——人才 S 曲线，为了未来的成功，提前布局与新业务匹配的人才。公司不仅仅是"业务组合"，更是"能力组合"和"人才组合"。在人才战略上卓越的公司，非常清楚这一点：业务组合不同，所需能力就不同，人才组合更是不同。整个公司，不是一个修葺整齐的人才园林，而是一片人才森林，生态风格各异，人才蔚然成林。

1. 第一层面：核心业务的"运营家"人才

总体上，核心业务的领军人才具有"运营家"特质。他们需要精深的行业经验、持续改善的运营能力、强烈的目标导向，同时流程性和纪律性超强。

针对他们的人才管理，在考核上应该以利润型指标为主（诸如毛利率、ROE 和净利润等），在激励上以短期激励为主导，在薪酬结构上固定收入占比较高。在管控模式上，对他们可以采用运营管控型，兼顾运营过程和财务结果，公司集权多分权少。在文化上，应该为他们构建诉求不允许失败、不找借口的军队型文化。

同时，企业要进一步认识，H1 业务又可以细分出三种类型：仍有巨大增长潜力的 H1、触达增长天花板的 H1、面临困境病入膏肓的 H1。在 H1 业务领军人才的遴选、委任和人才管理上，仍需要依具体类型做进一步优化和细化。

2. 第二层面：成长业务的"企业家"人才

总体上，成长业务的领军人才具有"企业家"特质。他们具有企业家精神，成就动机强，战略思维强，能在竞争激烈的格局中找到制胜战略，并可以驾驭从 1 到 10 高增长下的混乱局面。同时，他们能够适应动态竞争的敏捷变化，并能够在快速变化中迅速决断。

对他们的人才管理，在考核上应该以规模型指标为主（诸如市场份额、用户规模和收入规模等），在激励上以长期激励为主导，在薪酬结构上绩效工资占比高。在管控模式上，对他们可以采用战略管控型，管控战略结果不管控战略过程，公司战略上集权，运营上分权。在文化上，应该为他们构建诉求良性失败、导向冲锋的文化，激发 H2 团队勇于打大仗、硬仗和恶仗的精神。

和 H1 业务一样，H2 业务也可以进一步细分出几种类型：依据和 H1 业务资源能力共享的相似度来分；依据接近 H1 业务状态的成熟度来分；依据在本领域中所处的竞争梯队来分。因此，在 H2 业务领军人才的遴选、委任和人才管理上，仍需要依具体情境做调整、优化或细化。

3. 第三层面：新兴业务的"创业家"人才

总体上，新兴业务的领军人才具有"创业家"特质。他们是新模式、新技术的洞见者，具有打破行规的创新能力，并能够完成从 0 到 1 的新产品打磨和新模式构建。正如我在前面所讲，他们需要知性谦逊的品质，具有好奇心和英雄的心。

对他们的人才管理，在考核上应该以非财务指标为主（诸如研发进度、战略实验反馈、创新管道的质量和数量等），在激励上以自我价值激励和股权为主导，在薪酬结构上固定工资占比高，让这些创新者不为短期收入波动而烦恼。在管控模式上，为他们提供高度的自由度，但是也需要严谨的创新流程或研发流程对他们进行有序管理。在文化上，应该为他们构建大力鼓励试错的研究所文化。

当然，H3 业务也可以进一步细分出几种类型：是新技术主导的 H3 还是新商业模式主导的 H3；是自我发展的 H3 还是风险投资的 H3；还可以根据 H3 所处的阶段进行划分，是种子阶段、发芽阶段还是树苗阶段。因此，在 H3 领军人才的遴选、委任和人才管理上，仍需要依具体情境做调整、优化或细化。

综上，**卓越的公司会构建一个多样化的人才生态体系（见图 7-2），面向差异化的业务类型，实行差异化的人才管理**。此时我们就会意识到，企业只有一个统一标准的领导力素质模型是不行的，因为不同类型的业务对领导力的要求完全不同。华为已经行动起来，依据不同业务特点，让各业务体系制定差异化、有针对性的干部标准。下面我将分享更多华为的探索实践。

华为的探索：从一棵大树到一片森林

对于我们在前面所讲的 3H 模型、人才管理差异化和生态化，华为正在积极探索实践中。目前，华为业务布局日益宏大，正从一棵大树迈向一片森林。

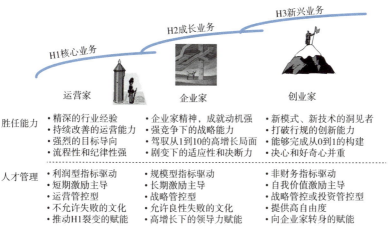

图 7-2　多元化的人才生态体系

- 核心业务 H1，运营商业务需要持续优化、夯实，核心业务已是成熟业务。

- 成长业务 H2，企业业务和消费者终端业务（华为手机等）正在快速崛起。

- 新兴业务 H3，云业务和无人驾驶等正在蓄势待发。在此内外挑战下，华为深度探讨了从"一棵大树"到"一片森林"的三层面业务人力资源的管理思想。

正如克里斯坦森所言，"面对新技术和新市场，导致失败的恰好是完美无瑕的管理"，成长业务和新兴业务失败的案例不计其数，其关键原因就是"用管理旧业务的方式去管理新业务"。3H

模型的残酷现实往往是"大树底下寸草不生","大树底下好乘凉"的美好期许常常事与愿违。

很不错的是,华为已经清楚地认识到这些挑战与问题,开始积极开展自我批判。在近期推出的《华为人力资源管理纲要2.0》中,华为反思:"面对不同业务及不同发展阶段的人力资源管理需求了解不够;面对差异化的各类组织形态、资源投入与考核激励的管理存在一刀切僵化情形。"华为开始针对不同业务、不同分类的人才,建立系统的差异化人才管理机制,集中体现在以下三点。

1. 重塑管控模式,构建统治与分治模式

- 现状问题。成熟业务组织僵化,对成长业务与新兴业务组织管控过度。华为整体管控模式发源于成熟业务,管理流程难免慎重、烦琐,导致新业务的竞争战略审批、组织调整审批、人才管理审批也同步于成熟业务,限制了新业务的增长速度和组织敏捷。
- 变革方向。构建统治与分治模式,建立共同价值守护与共同平台支撑下的分布式经营模式:集团治理机构是统治的核心,掌握战略洞察、边界与规则、关键干部、监管等责权,把控集团的共同价值;各差异化业务是分治系统,拥有具体业务的战略决策、作战指挥、干部评价等作战责权。

2. 依据业务战略属性,构架差异化的考核导向

- 现状问题。整体考核上过度精细化、短期化和错配化,关

注分蛋糕而不是做大蛋糕。针对成熟业务过于强化增长速度的考核激励导向，与产业发展平缓阶段需要精耕细作的管理诉求不相匹配；成长业务与新兴业务在一刀切地适用成熟业务考核激励机制后，果敢创新的意愿不足、资源配置长期不到位。

- 变革方向。考核导向要回归不同业务的战略与发展诉求，成熟业务的考核导向精细化经营，不断提高运营效益；成长业务的考核导向积极发展，增加规模、构建格局；新兴业务的考核导向战略成功，抓住机会、布局未来。鼓励各级组织大胆创新探索，要容忍和宽容为达到目标而进行的探索与试错，同时聚焦最终的业务结果，精简过程性考核、减少动作性监控。

3. 积极调整人才结构，匹配多样化业务

- 现状问题。在 ABCD 新科技时代，总体上华为人才队伍现有的知识技能结构相对单一、趋向老化，成本与年龄结构也不尽合理，要防止优质人力资本转变为沉重人力成本。同时，不同业务之间的人才队伍存在一定程度的板结，缺乏强有力的机制来及时牵引成熟业务冗余资源向新业务动态转移。
- 变革方向。前瞻性地布局各类人才队伍，以创新优势获胜的业务，要侧重于构建好领军人才加精兵式的人才阵型；以规模成本获胜的业务，要侧重于构建蚂蚁雄兵式的人才

阵型，并以自动化、AI对部分人才进行替代；调整过往单一聚焦的电子信息领域生源，加大对于物理、材料、生物、艺术等多学科优秀生源的获取比例；打破组织边界，整合外部生态伙伴的优秀人才；加大对成长业务和新兴业务的激励倾斜，打破人才板结，有序引导优秀人才奔赴新机会和新业务，接受新挑战，做出新贡献。

附录 7A　顺丰"四新"人才战略

顺丰自 1993 年成立至今,经过 27 年的发展,如今已经成为以快递为传统业务,以综合性物流服务为新业务的国内领先的快递物流综合服务商。

随着顺丰业务战略的发展与拓展,顺丰人才战略也随之改变,形成了具有顺丰特色的针对新老业务在全生命周期扩张中的差异化人才战略,即新结构、新机会、新血液、新理念"四新"人才战略,如图 7A-1 所示。

元老退出打造"新结构"

顺丰成立之初稳扎稳打深耕快递业务,人才战略以内部培养为主。为了激发组织活力,挖掘新生人才潜力,顺丰针对"老人问题"采取了元老退出策略,即针对考核未达标的中高层管理人员,让其"体面淡出""发挥余热"。

- 职能高管可转变为企业大学专家,将多年积累的知识、技能和经验进行沉淀,开展运营、质量、时效等领域的专题研究,向新员工及后备人才传递经验和技能。
- 业务高管可转变为顾问委员会专家,协助储备副总经理解决实操过程中的运营难题。通过该举措使总监及以上级别管理者的平均年龄从 38 岁降低到 35 岁以下。

模块四 人才战略的生态思维

	H1核心业务	H2成长业务	H3新兴业务
人才战略	快递业务	• 其他物流业务（快运、供应链、仓储等） • 物流延伸业务（数据、金融）	生态共建业务（冷链、供应链、重货、同城配、金融、跨境等）
目标人群	• 元老退出打造"新结构"	• 转岗内训创造"新机会" • 外聘牛人注入"新血液"	生态共建引领"新理念"
关键举措	• 总监及以上，20年完成20人退出，20年后共完成50人退出，占比17% • 职能高管转向企业大学专家 • 业务高管转向顾问委员会专家	• 与传统业务相似度较高的业务岗位（如供应链、仓储等） • 与传统业务相似度较低业务的岗位（数据、金融等） • 通过"人才训练营"和"训战结合"获取能力 • 通过"顾问模式"为外聘牛人提供试探和缓冲机会	• 与合资公司共享人才模式，为生态系统培训和输送专业骨干与高管人才 • 将合资公司作为"人才训练场"，相互派遣人才，定期进行人才交流、相互培训、观摩及学习 • 合资公司在未来5年为顺丰培训一定数量的专业骨干和高管人才
实施效果	• 总监及以上管理者平均年龄从38岁降低到35岁以下	• 泛物流衍生新业务的80%岗位需求通过内训转岗实现 • 外聘人员3年整体流失率低到30%	

图 7A-1 顺丰"四新"人才战略

转岗内训创造"新机会"

随着业务不断延伸,顺丰先后进入冷链运输、重货运输、仓储管理、供应链管理等领域。由于泛物流领域中的大部分能力可与传统快递业务共享,因此针对与传统业务相似度较高的业务(如供应链、仓储等)进行内训转岗,通过"人才训练营"和"训战结合"获取能力。

人才训练营在设计上更加注重理论与实战结合、专家与导师护航,从而提升转岗人才的存活率。同时,人才训练营也反向应用于传统业务的人才培养,在岗总经理每年至少完成一次训练营,起到教学相长的效果。该举措使泛物流衍生新业务的80%岗位需求通过内训转岗来满足。

外聘牛人注入"新血液"

针对与传统业务相似度较低的业务(如数据、金融等)外聘牛人,这是由于现有人才和能力难以匹配新业务领域的挑战,特别是在进入供应链金融、冷链等专业性较强、壁垒较高的新业务领域时。

外聘牛人可快速响应市场需求,直接利用专家经验及行业资源,短平快地解决问题,但同时也面临着"外聘诅咒",人才流失严重和文化传承受到挑战的问题。顺丰通过"顾问模式"为外聘牛人提供试探和缓冲机会,更有利于其扎根存活。同时通过差异化激励、系统化培养等方式使外聘比例从20%提升到50%,3年整体流失降低到30%。

模块四 人才战略的生态思维

生态共建引领"新理念"

随着快递行业龙头"四通一达"集体上市，竞争由成本推动转向由服务、技术推动。2017 年后，顺丰通过与业界领先公司如夏晖、UPS、百度外卖、同盾等成立合资公司，进入冷链、供应链金融、同城配、重货、跨境等新业务领域。

全新的商业模式和新业务能力挑战让顺丰开始探索与合资公司共享人才模式，为生态系统培训和输送专业骨干与高管人才。顺丰将合资公司作为"人才训练场"，相互派遣人才，定期在人才问题上交流，相互培训、观摩及学习，并在合资条款中明确非常重要的一项，即合资公司有义务在未来 5 年在该方向上为顺丰培训一定数量的专业骨干和高管人才。

使用一系列人才战略组合拳，顺丰人才结构逐步变得更外向、更年轻、更精英和更国际化。在人才战略驱动下，顺丰的新老业务均实现了有效增长，取得阶段性进展。

截至 2019 年年末，顺丰传统业务（快递业务）营业收入突破千亿元，业务量达 48.43 亿件，同比增长 25%。截至 2019 年年中，顺丰新业务快运、冷链、同城配业务等营业收入分别为 50.72 亿元、23.52 亿元、7.85 亿元；快运与冷运业务同比分别增长 46.99%、53.93%；同城配业务发展最快，同比增长 129.13%。

新业务占顺丰整体营业收入的比重从 2018 年上半年的 16.3% 上升至 2019 年上半年的 23.66%，新业务收入的快速增长对顺丰公司整体营业收入增长贡献显著。

Talent Strategy | 第 8 章

极客、蓝军和叛逆人才

> 异端是生活的诗歌,所以有异端思想是无伤于一个诗人的。
>
> ——哲学家 歌德

> 宽容是领导者的成功之道……异见者是最好的战略储备。
>
> ——华为创始人 任正非

CEO 的思考题

作为 CEO,你在战略上已经洞悉:本企业的核心业务已经逼近"天花板",公司已经面临增长瓶颈,在战略上迫切找到第二增长曲线!很幸运,你找到了第二曲线,公司上下已经达成战略共识:在核心业务之外,大力发展新兴业务!公司已经定义出了新兴业务应该是什么,你也为新兴业务找到了"领军人才"!

管理大师汉迪曾说道:"不断增长的秘密在于,赶在第一曲线逐渐消失之前,开始一条新的 S 曲线。"但是遗憾的是,几乎绝大多数企业都不是在 A 点(顶点之前),而是在企业已经衰落到 C 点(顶点之后)的情况下,才开始匆匆忙忙地着手改变。很幸运的是，你的企业在 A 点就开始绘制第二曲线了！

一位领军人才走马上任后，就否定了公司为"新兴业务"制定的发展战略，重新制定了新战略。他砍掉了过去战略下推出的产品线，很快推出了新战略下的新产品！遗憾的是，这些新产品有一大堆质量问题，在市场上并不叫卖！同时，他又大刀阔斧进行了人事调整，很多公司老臣挂冠而去！

除了上述行为之外，你也听到了更多关于他的风评：很多干部把这位领军人才称为"疯子"和"暴君"！有人这么评价这位领军人才："一群绅士在屋子里中规中矩地玩桥牌，有个野蛮人，横冲进去把桌子一掀，说，'重来，你们不能这么玩'。"

你也很心烦，因为这位"领军人才"不愿意开周例会，总以"早上起不来"为借口不去参加公司的周例会！这个时候，作为 CEO 的你开始忧心忡忡，你在重新思考：你是否为决定公司未来战略命运的"新兴业务"找错了领军人才？

HR 的思考题

如果你是 CHO 或组织部部长，CEO 征求你对于要不要换将的建议，你会给出什么样的专业建议？

你的企业中有"极客"吗

正当 CEO 内心不断凌乱之时，一本经典著作——《极客怪

第 8 章 极客、蓝军和叛逆人才

杰：领导是如何炼成的》⊖摆到了 CEO 面前，CEO 翻了几页，就像吃了定心丸一样，凌乱如跑马的心情开始淡定下来。这本书的作者是沃伦·本尼斯（Warren G.Bennis），他曾任哈佛肯尼迪政府学院公共领导力中心主席，是四任美国总统顾问团成员。

这位新兴业务的领军人才难道不是一位"极客"吗？过去，"极客"（geek）是指计算机嬉皮士和电脑黑客，他们强烈信仰科技的力量，每天到处寻找新奇的东西，他们性格古怪、离经叛道、不墨守成规。领导力大师本尼斯告诉我们，在商业世界里，推动产业变革、战略转型和创造奇迹的就是这些极客！

遗憾的是，诸多企业并不欢迎这些性格古怪、离经叛道的极客。对于很多管理层而言，没有风险的晋升之道就是要墨守成规（conformity）：服从高层战略、遵从组织现状、遵从高影响力同事的意见和行为。等到中层干部成为公司高管的时候，墨守成规已经牢牢灌输到了他们身上，就这样一代一代传了下去。

哈佛商学院教授弗兰西斯卡·吉诺（Francesca Gino）最近对横跨不同行业的 2000 多位中高级经理人进行了一项意见调查：有近半数的受访者表示，他们任职的组织经常让人觉得必须墨守成规；组织有意或无意之间，敦促员工抛开大部分的真实自我，压抑直接的个性和创见。

著名心理学家所罗门·阿希（Solomon Asch）通过"线段心理实验"来研究个人在群体情况下如何做出决定：他们是会坚持

⊖ 此书中文版已由机械工业出版社出版。

自己的观点，还是会盲目从众。在这个实验中，参与者要完成一道看似非常简单的观察练习题：判断一张卡片上的三条线，哪条与另一张卡片上的线等长。单独完成练习时，参与者都做出了正确的选择。但是，当和研究者安排的演员（即所谓的"托儿"）一起答题时，75%的参与者至少有一次认同了演员们故意给出的错误答案。换言之，为了融入团队，他们选择了错误答案。

这个实验表明，在组织里我们都会有服从规范的"同侪压力"和"从众行为"：一开始，如果自我行为与群体标准行为不符，我们就会担心被排斥；为了融入群体，我们会改变自己的行为；改变行为有时候会让人倍感不适应，因为有些行为不符合过去的信念或标准，导致认知失调；为了消除内在的自我矛盾，我们会改变过去的信念或标准，以符合刚刚融入的新组织或新岗位的要求。

第7章的组织冰山模型告诉我们，每家企业都会对过往的成功和失败进行加工归纳，并总结提取出"经验理论"。每一位高管对其所在的行业都非常熟悉，对这个行业的基本模式和基本规则，该如何生存和该如何经营，都有深刻的认知。在同侪高层诸多"经验理论"的压力下，很多极客和创新者就会展现"从众行为"，开始熟练掌握和遵循这些经验理论。

许多成规并不是深思熟虑的选择，不过是惯例做法的延续。经济学家也提出了现状偏误（status quo bias）理论：人们在进行决策的时候，倾向于不作为或维持现状。当我们坚持例行的想法和做法时，会觉得有效和放心；同时，我们更加重视偏离现状的潜在损失，而不是潜在收益，损失带来的厌恶感大于收益带来的喜悦感。所以，我们会偏好维持事情现状的决定，认为不必改革，不必创新。

正如我在第 5 章所讲的，企业要取得战略成功，开展持续的战略转型，就必须在遵守成规（刺猬的隐喻）和打破成规（狐狸的隐喻）之间取得平衡。现在钟摆已经太过偏向"墨守成规"那一方，特别是在那些成熟业务占据主导地位、组织处于稳态的成熟企业中。

新业务领军人才的三大特质

面对波澜壮阔、动荡巨变的未来，先前的经验理论在很多时候是一种误导，过去和将来并非互为镜像！放眼所见，曾经辉煌无限的柯达、诺基亚、雅虎等，都已辉煌不再，成为明日黄花。虽然我们能理解盛极而衰的定律，但昔日王者无比落魄，总让人心生感叹！它们过于"墨守成规"，它们没有华为的余承东和腾讯的张小龙，缺乏这些勇于突破现状、能够打破成规的极客！

在战略咨询项目上，我也经常帮 CEO 去遴选新业务的负责人，我更偏好的人选是"内部局外人"（inside-outsiders）。余承东带领华为手机快速崛起，张小龙领军微信为腾讯延续辉煌，余承东和张小龙曾经分别是华为和腾讯的"内部局外人"。**新业务领军人才的遴选，一半是科学一半是艺术，既要避免对外部人才过度崇拜的现象，也要避免对内部人才过度依赖的问题。**因此，我的建议是，不要以简单的二分法（内部老人和外部新人）来遴选新业务的领军人才，遴选的标尺是领军人才的三大特质。

1. 知性谦逊

我在第 7 章中讲到"熟练性不胜任"这个概念，它可能导致老业务的干部难以胜任新业务的管理。导致熟练性不胜任的原因是"过度自信"。诸多实证研究表明，过度自信会使高管产生认知和行为方面的偏差，高估自身能力以及成功的可能性，确信自己已经掌握了成功的秘诀，认为自己能够胜任更具难度和挑战性的任务，将导致更具风险性的决策。

如果企业仍是如日中天，那么在现有企业立过大功、打过大仗的现有高管往往是"过度自信"的，在面对新业务和新游戏规则时，更加陷入"熟练性不胜任"的局面。在阿里大文娱，作为社会名人的高晓松和宋柯无疑是过度自信的，曾经成功整合阿里移动业务、带领高德地图超过百度地图的俞永福，老阿里人樊路远无疑也是过度自信的。

"知性谦逊"的 CEO 和领军人才不会过度自信，他们能承认自己所知极为有限，愿意倾听和思考别人的观点，更容易看到世界一直在变，未来会与现在不同，体会、认识到持续探询的力量；同时，因为愿意倾听，知性谦逊的人更富有同理心，有能力运用情感与理智，对他们产生行动上的影响力。

2. 好奇心

上面我讲到，很多人才融入一个新组织或者分管新业务，面对的最重要的挑战就是"同侪压力"和"从众行为"！向同侪压力低头，通常会降低人才推陈出新和勇于开拓的决心。缺乏强大内心的人才，往往只有在自己的观点和众人一致时才感到踏实，否则就会惶恐和焦虑。因此，成功的新兴业务领军人才就要有一个重要的素质：敢于坚持自己，不墨守成规，抱有好奇心！

好奇心是创新的原动力，是远大理想和残酷现实之间的创造性张力。富有好奇心的人具有改变现状和陈规的强烈意愿，对迎接巨大挑战采取坚韧的态度，他们具有寻求新知识、挖掘新洞见和探索新方法的热切渴望。

如果没有好奇心，知性谦逊的人才会因为广泛倾听而变得无所适从，很容易变成循规蹈矩者。具有好奇心的知性谦逊者，会集思广益，但不盲从蹈矩；会勇于决断，但绝不粗暴待人。

3. 英雄的心

英雄的心这一特质是对企图心、使命感和坚毅度的融合。领军人才一方面企图心极大，希望个人能有所建树；同时又有一种强烈的使命感，愿意为组织力挽狂澜、再创辉煌，愿意为高于自身利益的集体目标而奉献自己所有。

更为关键的是，他们具有很强的坚毅度和竞争意识，不会被失败和竞争对手打倒，他们会打倒失败和竞争对手。在遇到挫折失败时，他们仍能坚持不懈地朝着目标努力前行；不仅个人能够从逆境中重新振作起来，还能够把挫败和逆境转化为对团队的士气鼓舞。这些新业务领军人才把组织转型和新业务崛起当成一场马拉松而不是一次短跑。

70%的余承东和30%的张小龙

本章开篇 CEO 的思考题中的领军人才是谁？这个人是真实存在的，不过他是个集合体：70%是华为余承东；30%是腾讯张小龙。他俩都成功推动了新业务的崛起，分别帮助华为、腾讯在成熟业务之外创立了新的战略根据地。这两位深刻展现了新兴业务领军人才的三大特质。

2012 年，余承东被任正非调去做手机终端负责人。那时，谁都不愿意接手手机终端部门，在此之前，三位总裁都没有挽回手机终端业务的颓势。一经上任，余承东就果敢、决然地砍掉了大量运营商贴牌业务和非智能手机产品线。

当诸多同僚都忌惮公司短期收入下降而裹足不前时，只有他不管不顾，把已经支好的牌局掀翻，大胆取舍！当时，几乎没有人欣赏余承东这种"大舍大得"的极客勇气，诸多同事纷纷将他称为"余疯子"和"暴君"。

2012 年，余承东推出了 2999 元价位的智能手机 P1，以及冲击中高端市场的 3999 元价位的 D1，很遗憾的是两款产品都卖不动。据说任正非在使用 D1 时频繁遭遇死机，他当众将这部手机摔在了余承东的脸上。

因为砍掉了运营商业务，再加上高端品牌卖不动，华为手机的销量遭遇了大幅度下滑，2012年华为手机全球销量只有2900万部。而这一年正好是智能手机换机的大潮年，OPPO和小米等新秀如黑马一般蓬勃崛起。余承东面临的压力到达顶点，他内外受困，华为终端过去的元老发起了一个"倒余运动"，余承东的职业道路险些停止。

一次战役的失败正是为了赢得整个战争。尽管各种失败接踵而来，但余承东并没有被打倒，痛苦+反思=进化，他在失败中快速学习，愈挫愈勇。他大胆喊出了"华为手机三年之内成为世界领先手机终端产商""销售目标会一年翻三倍"等一系列胆大包天的战略目标！这让余承东又多了一个外号：余大嘴！

余承东向来不惧给任正非立下军令状，他果敢取舍、富有人际勇气、凶悍、敢想、不墨守成规……这也是任正非选中他的原因。**唯有具备这样的领导力特质的人，才敢和华为的旧习惯、旧势力做斗争，打破"同侪压力"和"从众行为"！**

张小龙是一位典型的极客，他不善社交，却开发出了最好的社交软件！2010年10月19日，能够免费短信聊天的社交软件kik发布，在短短15日内，吸引了100万名使用者。很快，雷军带领团队仅用了1个月就发布了中国第一款模仿kik的产品——米聊。张小龙也开始快速模仿跟进，但比雷军晚了1个多月，用接近70天的时间完成了第一代研发，于2011年1月21日正式推出，取名"微信"。那个孤独的蓝色星球画面开始进入人们的手机。

让张小龙伤心的是，微信1.0版几乎没有收到市场的任何反响。在中国，电信运营商套餐丰富，以省短信费为卖点的类kik产品没有出路，微信 1.2 版迅速转向图片分享。小米的米聊也在快速迭代中，2011 年 4 月，米聊迅速借鉴了 TalkBox 应用软件的对讲机功能，用户突然变得活跃起来。5 月，微信新版本也快速跟进，增加了语音聊天功能，用户日增数从一两万提高到了五六万。

张小龙决定不再跟着雷军，微信开始以急行军的速度超越米聊。微信"摇一摇"和"漂流瓶"功能相继上线，第一个月的使用量就超过了一个亿。"摇一摇"功能最早是 Bump 应用软件的，微信快速完成了功能移植。7 月，微信推出"附近的人"，该功能彻底扭转了战局，日增用户数达到了惊人的 10 万以上。

2012 年 3 月 29 日，距离微信上线仅 433 天，微信用户数突破 1 亿！Facebook 在线用户数突破 1 亿用了 5 年半，Twitter 用了整整 4 年。4 月 19 日，微信推出新功能"朋友圈"，这款通信工具开始向社交平台升级。2014 年 1 月 24 日，用微信发红包、抢红包开始流行，为微信支付绑定了大量用户。

张小龙是一位极客，极具好奇心，能够迅速察觉到外部市场的机遇；同时，他又具有英雄的心，不惧挫败，并比竞争对手行动更快！没有一出场就完美成功的表演，张小龙展现了超强的学习力，多方模仿，在不完美中快速迭代，甚至快速调整方向。参照第 5 章的隐喻，张小龙显然是刺猬和狐狸的集合体。

熔炉中的赤子态

无论是余承东还是张小龙，他们在创建新业务的过程中并非一帆风顺,几乎都是一起步就摔倒,历经外部竞争的挫败和内部同辈的打击,这就是"熔炉"(crucible)。

卓越的人才都要经过"熔炉"的深度考验,他们在面临艰难甚至极端痛苦的挑战时脱颖而出,锻造得更坚强,锤炼得更适应。在熔炉中,他们只有打倒失败、屠龙降魔、凤凰涅槃,才能在新组织、新岗位或新业务中站稳脚跟,快速构建权威和影响力,进而建功立业!

余承东和张小龙这些震撼人心的故事表明,失败比胜利更能考验人的性格,逆境常常能够把赢家与输家区分开来。没有挣扎和痛苦的经历,没有脆弱和受伤时的哭泣,人才难以完成从"优秀人才"到"卓越人才"的进化升华,无法完成从"领导"到"领袖"的涅槃蜕变。

正如乔布斯的痛苦拷问:"什么样的人才会被自己所创立的公司开除?"也正如华为创始人任正非所言:没有伤痕累累,哪有皮糙肉厚,自古英雄多磨难。对有些人来说,失败有如毒药,他们将失败视如畏途,面对失败时就会气馁退缩;对有些人来说,失败就是熔炉,他们把考验和逆境视为力量的源泉。曾经成功的人物常因不能忍受失败而逐渐沦落为平庸之辈。

是什么导致了这两类人的差异?又如何才能"化伤痛为珍珠",在"创伤后成长",在"压力下淬炼领导力"?领导力大师沃伦·本尼斯告诉我们:只有具有强大的"成长思维"和"学习能力"的人,才能够将逆境化为经验和意义,"在熔炉中凤凰涅槃"。

在《极客和怪杰》中,本尼斯发现那些能够经历熔炉淬炼和改变世界的极客和怪杰，都有一种决定性品质——赤子态（neoteny）。在字典里查找"neoteny"，得到如此解释："成年所具有的幼年特质。"

赤子态是一种对品格的隐喻，尽管已是成年，但是岁月并没有洗刷掉幼年时期那些美好的性格特质，诸如精力充沛、好奇心强、无所畏惧、心地纯净、热情洋溢、勇于探索尝试⋯⋯

华特·迪士尼（Walter Disney）在书中极其贴切地刻画了他的赤子态，他讲道："和我在一起工作的人说我是'行动中的天真'。他们说我有一种孩童般的天真和不做作。我还是以'未受污染的新鲜感'来看这个世界的。"**是否拥有这种"未受污染的新鲜感"，正是成功者和平庸者之间的根本差别，也鲜明地区分了任何时代中的快乐的参与者和习惯性的失望者。**

宝丽来（Polaroid）拍立得相机的灵感源自一个三岁孩童的"天真问题"。发明家艾德温·兰德（Edwin Land）的女儿，迫不及待地要看父亲刚刚拍的照片。当他解释照片必须等到冲洗之后才能看时，小女孩大声反问："为什么照片一定要等？"每位父母亲都知道，在孩童的话语中，"为什么"无所不在，他们总是想要了解周遭的世界，这种需求永远无法满足，他们不怕问问题。但是，随着我们渐渐长大，自我意识悄然产生，期望显得自信和展现专业，"未受污染的新鲜感"开始离我们而去。

哈佛商学院教授弗兰西斯卡·吉诺给"未受污染的新鲜感"下了一个更新的定义——好奇心（curiosity）。她指出了一个残酷的现实：一个人在5岁时好奇心达到顶峰，之后就不再增长了。

同时,她也给了这些拥有"赤子态"的极客一个新称谓——"叛逆人才"(rebel talent)。

大力发展叛逆人才

在VUCA时代和ABCD时代,我们不是在非此即彼、黑与白之间做出选择,叛逆人才无惧骤变的市场,反而能抱持探究的态度,敢于质疑权威,并勇于快速行动尝试。研究表明,叛逆人才是能够在混乱中创造出新产品和新模式的创新人才。有句话讲,叛逆者不是混乱的制造者,反倒是混乱成就了叛逆者。吉诺教授在她的著作 *Rebel Talents* 中阐释了叛逆人才的四个方面,如图 8-1 所示。

图 8-1 叛逆人才模型

版权所有:哈佛商学院教授弗兰西斯卡·吉诺。

1. 甄选具有好奇心的高潜人才

正如前面所讲,好奇心是创新的原动力,好奇心是对抗墨守成规和从众行为的特质。谷歌的人才战略就是要找到天生有好奇心的人，他们会采用各种方法去测试好奇心强弱，包括这样的面试题："你是否曾经没办法停止学习某件从未接触过的事物？为什么？是什么让你一直持续下去？"答案会显示，回答者是为了狭隘的目的而学习（我必须为自己的工作查阅数据），还是出于天生的好奇心（我就是一定要知道）。

CEO 们要学会激发整个组织的好奇心，让整个企业拥有适应变化、引领变化的持续成长潜力，避免领军人才被内部的"经验理论"和平庸同侪所绑架。有位 CEO 在企业里设计了一个"悬挂假设节日"，即鼓励员工多问为什么，包括对"假设"进行深刻质询。

虽然好奇心与高能力具有强烈的正相关关系，分布却相当分散，具有高度好奇心的员工的能力评价可能远低于好奇心较低的同事。组织要帮助员工把好奇心转化为高能力，关键的方法就是指派他们完成最具挑战性的新任务。

2. 持续为工作注入"新颖感"

叛逆人才厌恶死气沉沉、一成不变的工作。美国剧作家雷蒙德·钱德勒有句趣言：第一次吻是神奇，第二次吻是亲密，第三次吻是例行公事。这句话形象地指出了"新颖感"乃是生活底色的实质。如何持续为工作注入新颖感？方法很多，比如派耳快餐公司让员工每天按照不同工作顺序轮流做不同工作，员工每天上班时才知道当天的工作顺序；谷歌让创意精英有 20% 的工作时间用于自己感兴趣的领域。

如果工作缺乏新颖感,叛逆人才就会无聊,例行工作混日子。所以,要定期指派顶级人才去完成最具挑战性的新任务。在任华为终端负责人之前,余承东是战略与市场体系的总裁,这个职务清闲、待遇好。在开发微信之前,张小龙的工作是优化 QQ 邮箱,他从 1996 年开发出 Foxmail 邮箱到 2011 年,已经和邮箱打交道 15 年了!如果余承东没有轮岗到华为终端,如果张小龙没有承担新任务,他俩在中国商业史上不会留下什么痕迹。

3. 多视角:要做蜻蜓,不要做比目鱼

夏普公司的名言是"要做蜻蜓,不要做比目鱼"。蜻蜓拥有复眼,可同时从多个角度看东西;比目鱼的双眼长在头部同一侧,一次只能看一个方向。能以常人不易察觉的新视角看问题,是叛逆人才的特异功能。

丽兹酒店的餐厅露台上种了很多花,总经理来视察时问道:"为何不试一试种些蔬菜呢?"这一反问促成了丽兹酒店开辟露台菜园,收成用于餐厅,很多客人非常喜爱。皮克斯公司鼓励员工从多个角度看问题,编剧和导演都要参加一门"添加"(plussing)技巧的培训课程,就是不使用评判的语言,在原有构想上添加新东西。

4. 真实性:摘下面具,让员工做自己

组织有意或无意之间,在促使员工抛开真实自我,戴上面

具，同时为了避免失败和同事嘲笑，员工展示从众行为，畏惧创新。展示企业失败和企业弱点，可向整个组织发送强烈讯号：摘下面具，大胆做自己。皮克斯公司 CEO 就是如此，他担心刚刚入职的新员工会太敬畏皮克斯的成功，而不敢挑战公司既有的流程和创意。因此，他在新员工培训会上，会大讲皮克斯过去所犯过的各种错误，强调组织绝非完美，鼓励员工大胆创新、不惧失败。

自曝弱点、展现软弱，经常是领军人才凝聚团队的快捷方法。张小龙在他的朋友圈里写道："我一个社交失败者，居然搞起了社交软件。"余承东坦诚道："我是一个有缺点的人，不擅长和人打交道，性格东冲西撞，所以一不小心就树敌了。"

打造蓝军队伍：让自己人进攻自己

要做蜻蜓，不要做比目鱼！遗憾的是，很多企业都是"比目鱼"，双眼长在头部同一侧，只能看一个方向，我把这称为"战略隧道"和"能力深井"。战略隧道会让 CEO 看不到新机遇和跨界的竞争对手；能力深井会让企业过度依赖核心能力而限制其向新领域的探索。当整个行业处于"产业转型期"时，"战略隧道"对企业的打击效应最大化；当核心能力受到新技术替代而老化时，"能力深井"对企业的转型捆绑最大化。

并不是失败的公司和失败的 CEO 才会存在"战略隧道"和"能力深井"，成功的企业和成功的 CEO 在某个历史阶段或当下也会存在。马云曾经讲"我拿着望远镜也看不见竞争对手"。在电商这条路上,他确实看不见对手,这是互联网行业赢家通吃的战略特性造成的。但是马云这句话也有错,错在拿着望远镜仅看一条路,没有看其他路。后来,腾讯就从另一条路上推出了微信。

突破战略隧道和能力深井的束缚,除了大力发展叛逆人才之外,还要更进一步,在整个组织体系上做出更有力的保障——构建蓝军。通过蓝军+红军的混编,可以让企业成为"蜻蜓",拥有复眼,同时看到多个方向、拥有多个视角。

蓝军的组织编制实践,源于军事。2011年,中国人民解放军在朱日和基地创建了专业化蓝军,该军全部按外军的编制、武器和条令进行训练,就连吃饭也全是西餐。通过蓝军部队和红军部队之间"准战场+假想敌"的实战对抗,才能让红军最大化地暴露问题和劣势,加速红军劣势的改进和作战能力的提升。在战略研讨会上,我很早就开始运用"蓝军思维",让参与战略研讨的部分高管建立蓝军队伍,扮演最强劲的竞争对手进攻自我。

华为很早就借鉴军事上的蓝军创新,在公司战略体系下创立了蓝军部。蓝军的核心职责,就是考虑清楚未来三年如何打倒华为。任正非曾讲道:"要想升官,先到蓝军去,不把红军打败就不要升司令。你都不知道如何打败华为,说明你已到天花板了。"蓝军的组织形态可以有以下两种。

1. 务虚的蓝军存在

蓝军是一个决策参谋部门,其决策模式是竞争者立场、批判性思维，在唱反调中识别不容易看见的劣势和缺陷。在华为的战略管理流程中，蓝军要从不同的视角审视公司的战略与技术发展，洞悉红军战略、产品、解决方案的漏洞或问题；模拟竞争对手，对红军的漏洞或问题发起战略打击和战术进攻。

为什么华为有强大的战略定力和战略耐性？因为经过了蓝军和红军之间的激烈对抗和深度思辨。该过程就是一个"博学、审问、慎思、明辨"的过程，如此方能"笃行"！没有经历过这个淬炼过程的战略，就是随意拍脑袋，定得快变得也快，容易被外部机会和短暂困难牵着跑。

2. 务实的蓝军存在

蓝军是一个独立经营主体，与军队实战一样，进入到真实的商业环境中去。不仅仅是打嘴仗、写文章，更是要撸起袖子加油干、亲自干。红军与蓝军有着不同的战略语境、能力体系、人才结构和运营模式，自己颠覆自己，如《纽约时报》面对数字化转型，建立数字订阅蓝军部队。通过蓝军自动构建对立面，主动创造竞争冲突，把劣势暴露在自己面前，而不是暴露在竞争对手面前；让自己人进攻自己，不给竞争对手留下战略打击的机会。

正如我在第 5 章中所讲的，组织发展从来没有一成不变的既定路线，总是在稳定和变化（刺猬和狐狸的隐喻）、有序和无序（蜜蜂和苍蝇的实验）之间来回摆动，CEO 时而激进时而保守，在慎思明辨、不断试错中让进化最大化。蓝军和红军的自我对抗和自我免疫，就是在推动组织熵减，加速组织进化，在复杂动态的环境中让企业的生命力更加顽强。

CEO应成为英雄之旅的"引路人"

新兴业务的崛起需要诸多张小龙和余承东这样的叛逆人才，他们在新兴业务的舞台上上演了一场"英雄之旅"。商业世界中的这些极客和叛逆人才，和约瑟夫·坎贝尔在经典名著《千面英雄》中所描述的神话英雄几乎一样，千人缘为一面，他们也遵循"启程—启蒙—考验—归来"的英雄成长轨迹。

英雄的意义在于他们是某种新事物的创建者，诸如新王朝、新领地、新商业帝国、新应用技术。为了发现新生事物，人们必须离开旧有环境。约瑟夫·坎贝尔在《千面英雄》中写道："旅程不是为了获得，而是为了重新获得；不是为了发现，而是为了重新发现。"

英雄在启程之初总是迷茫、困惑和缺乏方向感，内心经历挣扎，跟随着若隐若现的一线光亮。他们往往是因为一个不得不接受的缘由踏上征程，好像是生命轨道之外的意外，又是注定的闯入。英雄几乎没有任何准备，他们被重大使命召唤，却不得不匆匆上场。紧接着，命运之子必须面对一段漫长的晦暗期，这是极度危险、充满障碍或羞辱的时刻。约瑟夫·坎贝尔写道："他被向内抛入自己的心灵深处，或被向外抛到未知的领域。不论是哪个方向，他所接触的尽是未知的黑暗。"

此处时刻，需要出现一个人带领英雄走出迷茫和未知黑暗。

一位智者会出现，他带给英雄点拨和启发，给予信任和鼓励。在商业世界里，CEO 必须成为这些命运之子的智者、导师和引路人。任正非是余承东的英雄之旅导师，马化腾是张小龙的英雄之旅引路人。**英雄处在自信并愚昧的山峰，然后身陷绝望之谷，引路人要帮助这些英雄唱响开悟的歌。**

CEO 需要审慎甄选出能够担当大任的领军人物，请记住前面所讲的三大特质。当然，你有时不会押宝一个。当时的张小龙就面临着内部竞争，马化腾启动的三个团队，另两个是无线事业部的手机 QQ 团队和 Q 信团队，后者由高级副总裁刘成敏负责，论资源和资历，刘成敏的胜算都比张小龙高。除了慎选和多选之外，CEO 还需要做到以下三个方面，去为英雄之旅引路。

1. 在关键时刻力挺

在英雄之旅程中，英雄不仅仅会遇到盟友，更会遇到敌人，包括团队内部的背叛。这个时候，CEO 需要力挺，记住"没有没有反对者的英雄"。华为手机部门的元老为了让余承东下课，开展了一个"倒余运动"，闹到了任正非那里。任正非最后一锤定音："不支持余承东的工作就是不支持我。"

2. 以怀柔方法驾驭

英雄不惧挫败，尽管有时外在形象温和，但内心极其坚毅，本我性格刚烈，吃软不吃硬，所以驾驭英雄要用怀柔之策。腾讯每周要开高管例会，张小龙总以早上起不来为借口，不去参加会议。马化腾便让自己的秘书为张小龙提供叫醒服务,张小龙又改称广州到深圳开车太远要两个小时,马化腾就在每周例会时直接派专车到张小龙家楼下等着。

3. 以可喻之义引导

如果英雄抗拒使命的召唤,那么如何说服他们和开启他们?如何帮助他们为可能面临的困境做好准备?你会对他们传授什么奥义?在他们深陷熔炉,犹如困兽一般自信殆尽时,你又如何点燃唤醒他们?这些都需要CEO有可喻之义,你需要将你的使命、经验、价值观和挫败后的复原力展现给他们,要以智者和长者的身份,不能以上下级的语气和关系。

英雄就是能够战胜个人和历史局限性的人,英雄的心都隐藏在我们每个人内心深处,只是等待着我们去内观和呈现出来。CEO往往已经走完了英雄之旅,经历过了熔炉考验,并从这些体验中找出了积极的意义,探寻到了终极的真实,发展了自己的"可喻之义",并以此去感召那些你要追求聚拢的领军人才,这就是领导力的本源。其实,人才管理过程本身也是一个"在我·自成"的英雄之旅。

| 附录A | Talent Strategy

战略罗盘模型和人才战略 4M 模型的一致性

第一次正式提出战略罗盘模型,是在我于 2014 年年初在《哈佛商业评论》上发表的长文《战略罗盘:破解企业四大困局》中。后来,我又出版了《战略罗盘》一书,并在 2018 年推出了全新修订版。该模型和此书凝结了我 15 年的创业体验,也是我 15 年来讲授战略课程、主导战略咨询的经验结晶。

战略罗盘模型,即从规划视角、定位视角、能力视角和学习视角,深入拷问四大战略问题:战略有与无、战略好与坏、战略实与虚、战略快与慢!CEO 的人才战略四大思维(4M 模型)和战略罗盘的四大视角完美地匹配在一起,如图 A-1 所示。

附录 A　战略罗盘模型和人才战略 4M 模型的一致性

图 A-1　人才战略 4M 模型和战略罗盘模型

人才战略的终局思维对应战略罗盘的规划视角

战略要回到去哪里和如何去，从终局看布局，以未来定义现在。战略未来和经营现在之间往往存在巨大的资源缺口，而最常见的资源缺口就是人才缺口，表现为规模数量缺口、能力质量缺口和人才结构缺口等。

人才战略的终局思维就是要解决这些问题，做好人才战略规划，持续提升人才充足率和人均效益。因为战略规划的周期短，而人才发育的周期长，所以人才规划更需要前瞻布局。

人才战略的差异思维对应战略罗盘的定位视角

战略不仅有"有无之分"，更有"好坏之分"，好战略能让企

附录 A　战略罗盘模型和人才战略 4M 模型的一致性

业速胜和易胜；坏战略让企业难胜，甚至完败。好战略要回到在哪竞争和如何制胜，好战略公司在产业结构上占据优势位置，既有差异化定位，也有竞争优势的护城河。战略定位不同，也就直接决定战略差异化的关键人才不同。

人才战略的差异思维就是要识别出战略性岗位群，在 A 类岗位群上配置 A 类人才，给 A 类激励，创 A 类绩效。如此，不仅能够强化差异化定位，还能够打造核心竞争力，使得短期的业绩领先和长期的护城河并存。

人才战略的体系思维对应战略罗盘的能力视角

好战略并不必然转化为好业绩，战略必须得到持续用力、久久为功的执行落地，"实战略"的标准是企业保持资源配置和战略一致，并把战略转化为员工的行为。人才战略能够得到有效落地，亦是如此。

人才战略的体系思维就是要推动企业构建一体化的人才管理体系，激发全员全力创造价值；密联组织发展、人才发展和学习发展，让企业持续提升组织智慧，组织持续充满活力。在过程中，CHO 要帮助 CEO，持续提升 CEO 的人才管理能力和时间投入度，不以"声"作则，要躬身入局。

人才战略的生态思维对应战略罗盘的学习视角

企业总要面对"时空转换"下的战略失灵和能力老化，唯有

附录 A 战略罗盘模型和人才战略 4M 模型的一致性

"快战略"才能让企业穿越周期、跨越转型而持续拥有精彩的未来。"慢战略"让企业墨守成规、故步自封,限制其向新领域的探索。慢战略能否变成快战略,关键是要看企业能否组织敏捷、深层学习、迭代进化。

人才战略的生态思维,就是让 CEO 认识到唯有生态才能生生不息,战略布局要从一棵大树到一片森林,让新老业务缤纷发展。业务结构不同,人才结构也要不同;业务特质不同,领军人才特质也要不同;业务战略多样化,人才管理也要多样化。在战略上,业务与业务之间会竞争替代;在人才上,红军和蓝军之间也要对立对抗。如此,生态思维才能让企业达到人才蔚然成林又生生不息的新境界。

夏普公司的名言是"要做蜻蜓,不要做比目鱼",蜻蜓拥有复眼,能同时从多个视角看东西;比目鱼的双眼长在头部同一侧,一次只能看一个方向。战略罗盘模型的四大视角就是要让企业成为"蜻蜓",拥有复眼和多个视角,让 CEO 看到战略的不同侧面。基于战略罗盘模型,人才战略的四大思维,亦是如此。

整个模型的纵轴是战略规划和战略执行。在人才战略上,一方面需要和战略规划保持一致性,HR 部门要基于战略规划去做人力资源规划;另一方面就是要构建扎扎实实的人才管理体系,让人才战略能够落地执行下去,同时在执行过程中又要依据外部变化和执行效果而持续迭代优化。伟大的人才战略不仅仅是规划出来的,更是在执行中进化出来的。

整个模型的横轴是外部适应性和内部稳定性。在人才战略上,一方面人才结构、人才能力和人才思维需要适应外部变化并及时优化、调整;另一方面,核心竞争力的发育需要久久为功,企业要有战略耐性和战略定力,在人才管理上需要保持政策上的连贯性和持续性,不为短期波动所干扰,组织底盘稳固才能让组织身段敏捷。

总之,人才战略的四大思维有机集成,告诉我们组织发展从来没有一成不变的既定路线,总是在稳定和变化(刺猬和狐狸的隐喻)、有序和无序(蜜蜂和苍蝇的实验)、战略肯定和战略否定之间阶段性地摆动,CEO时而激进时而保守,在慎思明辨、不断试错中让进化最大化。

正如《了不起的盖茨比》的作者菲茨杰拉德所言:"一流的智商在脑海中持有两种截然相反的想法,但仍然能够保持迅速的行动力。"

祝福每一位CEO和CHO都是如此!

Talent Strategy | 附录 B

人才战略四大思维下的 CEO 行动策略指引

经济学家凯恩斯曾深刻地指出:"讲求实际的人自以为不受任何理论的影响,其实他们经常是某个已故的经济学家的俘虏。"创新大师克里斯坦森也讲到,最实用的是"好的理论"。尽管先贤反复叮咛,但在一些 CEO 眼中理论和思维总给人务虚之义。为了增进人才战略 4M 模型对经营现实行动上的直接指引,我从本书中抽取出了 12 个行动策略,希望给予 CEO 和 CHO 实践上的启发。

终局思维下的三大行动策略

CEO 需要定期思考,为了实现未来的战略,你愿意为现有人才队伍的支撑度打多少分?战略与现实之间一定存在巨大的"资源缺口",最大的资源缺口往往是人才缺口。很多企业在制定了宏伟的战略之后，却发现缺乏实施战略的人才，只好将战略规划束之高阁，使之沾满灰尘，为时机渐去而遗憾。为了改变人才青黄不接、大将缺位的被动局面，CEO 们需要做到以下三点。

1. 重点关注"人才充足率"和"人均效益"指标

人才充足率是富国银行采用的北极星指标，其重要性比肩"资本充足率"。人才充足率的计量方式和资本充足率一样，分几个层次：一年内准备就绪的接班人人数∶管理人员总人数；高绩效人才占比；高潜人才占比；战略性岗位上 A 类人才占比；新兴人才占比，新兴人才指布局在新领域中或新技术上的人才。

同时，深入追踪"人均效益"指标的关键影响因素。人均效益提升，才能有更好的薪酬空间，以激励现有人才和招募更多顶尖人才，才能启动人才引擎的良性循环。过低的人均效益意味着组织过度膨胀和机构臃肿；片面强调人均效益，容易减少人才储备，很有可能会压制业务增长的潜力。

2. 以结构优化的方法推导未来的人才需求

仅仅依据传统的线性关系来推导未来的人才布局难以应对未来，战略导向的人才战略需要开展结构优化推导。比如，华为要开展深度国际化，就要解决艰苦地区没人去、外籍员工占比过低的结构问题；顺丰要激发开展二次创业，就要解决年轻干部没机会、"85 后"干部占比太少、45 岁以上元老退位等结构问题。

GM 在 2019 年大幅裁员 8000 多人，其中包括 25% 的主管人员；同时，GM 也在燃料电池、自动驾驶等新领域中大举招聘。GM 推动人才结构大调整，期望能够成功跨越产业转型期，赢在战略转折点。

3. 开展战略引领型的人才盘点

远观 3～5 年，你是否为新战场储备好了领军人才？近看 1 年，要发起哪些必胜战役？你对现有的人才打赢硬仗是否有信心？对于这些问题的回答，需要依赖于战略引领的人才盘点。CEO 需要全方位实时洞悉手中的 54 张人才王牌和 108 位干将。人才盘点还要盘点战略和盘点组织，由此 CEO 才能更好地排兵布阵。

不仅是内部盘点，CEO 还有必要开展外部盘点。当处于产业转型期时，外部人才盘点尤为重要，人才争夺战也更加激烈，比如 GM 是要和谷歌、Uber 争夺人才。打赢人才争夺战的有效方法是"人才并购"。2016 年，GM 并购了无人驾驶初创公司 Cruise Automation，获得了以凯尔·沃格特为首的无人驾驶技术团队。广为称道的人才并购是腾讯并购张小龙及其 Foxmail 团队。

差异思维下的三大行动策略

苹果零售的战略极其差异化，乔布斯要开一家像四季酒店一样、地处核心地带的零售店。因此苹果要求一线店员要"盯着消费者的心，而非钱包"，店员没有销售任务也没有销售佣金，招聘极其严格。四季酒店创始人的名言是：你想要员工怎样对待你的顾客，就应该怎样对待你的员工。四季酒店因此大力向一线员工赋权、赋能，激发他们向客人传递最佳服务。苹果和四季酒店的实践告诉我们人才管理和战略定位要有一致性，战略差异化，人才也要差异化。

1. 区分关键人才和重要人才

与苹果、四季酒店类似，永辉超市的战略差异化也取决于一线店员。该超市战略定位主打生鲜品类，如果店员工作状态不好，在码放果蔬时就会随意乱丢，受过撞击的果蔬很快形成损耗，造成损耗率居高不下。一线店员不仅左右经营绩效，也决定客户对果蔬新鲜品质的认知，因此一线店员是永辉超市的"关键人才"。同样是超市，好市多就不会把一线店员视为"关键人才"，他们的技能水平和服务态度对其低价格战略的影响微乎其微。

"关键人才"让公司成为行业里不一样的企业；"重要人才"让公司成为行业里的企业。CEO 要在并不显而易见的"关键人才"上倾注更多的资源和精力。关键人才可以存在于企业的任一个层级，有些看似不起眼的岗位，往往是领先于竞争对手的关键所在。

2. 围绕关键人才打造人才管理体系

要识别出关键人才，从战略出发问几个关键问题即可：真正创造战略差异化的是哪些人才？直接决定目标客户服务水平的是哪些员工？当然，仅靠一线店员这一个岗位并不能完全实现永辉超市的战略成功，整个组织系统还需要拥有品类买手、敏捷供应链等几个岗位，这些都构成了永辉超市的战略性岗位群。

通过差异化"选、用、育、留"和持续人才盘点，企业要确保战略性岗位群上都匹配了胜任人才，同时要将奖励和机会向这些岗位上的绩优者大胆倾斜。永辉超市就是如此，创新推出了针对店长和店员的"合伙人制"，围绕关键人才强化激励，让永辉超市在行业内创造了高周转、低损耗的绝对竞争优势。

3. 面向核心竞争力实施 4A 人才战略

培育核心竞争力极度考验 CEO 的战略耐性和战略定力，因为核心竞争力有"阈值效应"，即当资源投入低于阈值时，收效甚微。要突破阈值，就需要实施 4A 战略：在战略性 A 类岗位上配备 A 类人才，给 A 类激励，创 A 类绩效。

顶级人才和平庸员工之间的绩效差距呈幂律分布，在战略性岗位群上全部配置 A 类人才，才能打造出真正的核心竞争力，甚至使核心竞争力所展现的绩效水准两倍领先于行业第二名，让企业成为超级竞争者。优秀员工是便宜的，平庸员工是昂贵的。如果在战略性岗位群上配置了平庸员工或不胜任员工，就会付出沉重代价：客户会直接感知到服务缺陷；研发周期很长仍不能开发出好产品。

体系思维下的三大行动策略

核心竞争力不是个人能力，是企业整体战斗力，是在人才招聘、配置、培训和激励上持续投资的结果。任正非讲道:"人才不是核心竞争力,对人才进行管理的能力才是核心竞争力。"最懂 HR 的 CEO 知道什么时候 Zoom In,把人才体系放大推近,看细应该改进的局部;知道什么时候 Zoom Out,把人才体系缩小拉远,在更宏大的图景下推动人才体系和其他体系紧密集成,避免它成为孤岛。

1. 投入时间面试甄选顶级人才

选对人永远是企业的头等大事,很多公司用 2% 的精力招聘,却用 75% 的精力来应对当初的招聘失误。CEO 需要熟练掌握面试技巧,还必须把"雇用比你更聪明的人"打造成公司文化。

正如奥美创始人所讲:"如果每个人都招聘比自己矮小的人,公司将成为侏儒;如果每个人都招聘比自己更强的人,公司会成为巨人。"企业可以考虑不让 B 类员工参与招聘决策,因为 B 类员工最有可能招来很多 C 类或 D 类人员,而是要把 A 类人才培训成优秀的面试官,为公司招聘更多的 A 类人才。

2. 打造创造价值和分配价值的飞轮效应

要赋权、赋能、赋财于 A 类人才,推动他们全力创造价值。有些企业背道而驰,招一名武士,却收走他的剑;希望员工是狼,却给狼喂草吃。全力创造价值的另一面是大力分配价值,给火车头加满油。最懂 HR 的 CEO 深知,高薪酬并不会让公司失去成本优势。

华为依靠技术创新和管理创新把高薪酬与低成本完美结合起来：人均薪酬水平高达 11 万美元，居世界前列；总薪酬占销售收入比低于 18%，这让华为具有很强的成本优势。通过门店合伙人制，永辉超市一线店员的年人均薪酬从 2011 年的 2.8 万元提升到 2018 年的 6.7 万元，年人均创收从 44 万元提升到 76 万元，永辉超市既增加了员工薪酬，又大幅降低了损耗率，经营利润也大幅提升。

3. 以学习发展推动人才发展和组织发展

有些企业受限于雇主品牌或资金，招不到 A 类"诸葛亮"仅能招到"丑裨将"，无法实施 4A 人才战略，该怎么办？俚语"三个丑裨将顶一个诸葛亮"指出了新选择，即人才战略 II 型，其核心是如何把三个丑裨将转化为诸葛亮，这就需要"学习发展"上的努力。一方面，三个丑裨将要开展团队学习，积极共享知识，在行动与复盘之间迭代速行；另一方面，企业也要萃取诸葛亮的能力模型，让丑裨将有一张以诸葛亮为成长目标的"学习地图"，进而加速学习。

AT&T 就是如此，随着电信业从电缆硬件转向云端互联网，AT&T 不得不奋起直追。公司大部分员工的能力结构都无法胜任新的业务结构，大举招聘互联网人才，又竞争不过谷歌、亚马逊等公司，因此 AT&T 没有大张旗鼓地招聘新人，而是采用人才战略 II 型，尽最大力量训练现有员工，推动人才大翻新。

生态思维下的三大行动策略

企业是否可以同时采用人才战略Ⅰ型和人才战略Ⅱ型？当然可以，如果企业的业务是多样化的，人才战略也必须多样化。顺丰快递在业务步入成熟期后，开始切换人才战略，推动元老退出，挖掘新生人才潜力；同时，针对供应链金融、冷链等新业务，采用外聘牛人的高配模式，加速崛起。企业要持续增长，就要驾驭好三层面的业务组合：核心业务、成长业务和新兴业务。很多公司都深陷"增长的痛苦"之中，不得不经受老业务衰落和新业务兴起之间的漫长等待。

1. 构建差异化和多样化的人才生态

华为成功实现了新老业务之间的流畅更替，在运营商业务持续优化的同时，华为手机快速崛起，顺利接下增长的接力棒。华为的运营模式发源于老业务，流程慎重烦琐，限制了新业务的增长速度和组织敏捷性。同时，新业务的考核激励方式，也一刀切地同步于老业务，导致新业务创新意愿不足。于是，华为开始面向多样化的业务类型，打造多样化的人才结构和人才管理。

最懂 HR 的 CEO 非常清楚：业务组合不同，人才组合也要不同。整个公司，不应是一个修葺整齐的人才园林，而应是一片人才森林，风格各异、蔚然成林。同时要避免人才板结，加速不同业务之间的人才流动。

2. 为新业务成功配置领军人才

阿里良将如潮，但是不到 5 年时间阿里大文娱已更换了 3 任负责人、10 位核心高管，包括名人高晓松（新人）和阿里合伙人俞永福（老人），2018 年阿里大文娱亏损 150 亿元左右。遴选新业务领军人才，要避免对外部人才过度崇拜，也要避免对内部人才过度依赖，放弃简单二分法，回归人才特质。

研究表明，成功的领军人才具有三大特质：知性谦逊，不过度自信；拥有好奇心，不墨守成规；有一颗英雄的心，企图心、使命感和坚毅度融合、集于一身。余承东带领华为手机快速崛起，张小龙领军微信为腾讯延续辉煌，两位都是"内部局外人"，但具备上述三大特质。

3. 开展深层学习，发展叛逆人才和蓝军队伍

经验理论是对企业过去成功经验的高度总结，比如腾讯的"小步快跑、快速迭代"，碧桂园的"快周转"。企业越成功，经验理论就越多越强，高管就越过度自信，经常用这些经验理论去投射指导新业务。正如德鲁克所言："未来并不可怕，可怕的是，在变化的未来仍然沿用过去的逻辑。"

基于此，最懂 HR 的 CEO 会推动高管开展"深层学习"，放下过度自信，扬弃经验理论。另一突围的方法就是大力发展叛逆人才和打造蓝军。华为很早就设立了蓝军部，其模式是竞争者对立立场、叛逆性批判，在唱反调中识别不容易看见的劣势和缺陷，让自己人进攻自己，不给竞争对手留下战略打击的机会。

结语　成立 G3 或 F4 组合

拉姆·查兰在《哈佛商业评论》上撰文建议，CEO 需要与 CFO 和 CHO 搭建一个"黄金三角"（G3），成为新的核心领导团队，引领组织转型。这样做的目的是把人力资本放到跟财务资本同等重要的地位上，确保人才配置与资金配置高度一致。正如 CFO 通过筹集和分配资金来帮助 CEO 优化企业，CHO 应该通过培养和分配人才来帮助 CEO 驱动组织。

我非常赞同拉姆·查兰的建议！其中一个原因是，我一直做战略研究和战略咨询，所创立的公司又是做人才管理全面解决方案的，有意思的是我财务研究生和博士研究生的方向又是公司金融。我早已见证了 CEO、CFO 和 CHO 彼此需要共享更多信息、相互学习促进、交叉思考决策的空间的重要意义。

我更愿意再加上一个人，就是 CMO，即分管用户增长、销售和品牌的高管。这样就齐全了，CEO 的战略视角、CHO 的人才视角、CFO 的股东视角、CMO 的客户视角，可以成为 F4 组合。把人才分别和战略、财务、客户进行交叉分析，一定能够帮助 CHO 和 CEO 获得更多的洞见。

CHO 已经向 CEO 学习了很多战略，在此不再赘述。CHO 也在向 CFO 学习很多财务方法，将之应用到人才管理中，这些方法模型已经不胜枚举，诸如平衡计分卡（balanced score card，BSC）、长期激励相容理论（国内研究以贝克伟教授和黄钰昌教授为代表）、股东价值管理（value based management，VBM）等方法模型。在人力资源圈广为人知的平衡计分卡方法,其创始人罗伯特·卡普兰并不是人力资源方面的教授,而是哈佛商学院的财务会计学教授。现在谈及的股权激励和合伙人机制,其具体设计的理论方法更多来源于公司金融。

现在,正是 CHO 和 CMO 进行交叉创新、跨界探询的关键时刻了!从公司品牌到雇主品牌,从客户价值主张到员工价值主张,从客户细分到人才细分,从向客户推销产品到向人才推销公司……总之,人才管理的方法和客户营销的方法越来越融合。

为确保 G3 或 F4 机制行之有效,几位高管应该定期会面,召开常规 G3 会议和 F4 会议,因为 4 个人看问题的角度不同,对 4 人的意见进行汇总和交叉分析,能得到更准确的判断和更有趣的洞见。

致　谢

搁笔时,墨犹洇,盏尚温。再回味这洋洋洒洒十几万字,虽不敢妄称呕心沥血,也算得殚精竭虑。一则,人才问题实是制约中国企业崛起的"命运之咽喉",为此建言绝不敢有丝毫懈怠;二则,书中所载实非一家之言,"独木不林,单弦不音",在此书成文过程中,我回顾总结了众多专家的研究成果,更借鉴了大量优秀企业家的实践经验,本书付梓之际,我向他们表达敬意和感谢。

在此要特别感谢上海高级金融学院执行院长张春先生、亚利桑那州立大学凯瑞商学院战略学教授沈伟先生、上海高级金融学院实践教授胡捷先生、哈佛商学院高级副院长费利克斯·奥博霍尔泽(Felix Oberholzer)先生、北京大学国家发展研究院战略学教授马浩先生、清华大学经济管理学院伟创力讲席教授及领导力与组织管理系主任杨百寅先生、北京大学光华管理学院管理实践教授谢克海先生、北京大学汇丰商学院创新创业中心主任陈玮先生,他们从公司金融、公司战略、组织管理、人才管理等多个维度给我启示,让我能够交叉思考和跨界探索。

致　谢

感谢中信产业投资基金总裁田宇先生、柳工股份董事长曾光安先生、小米集团中国区总裁卢伟冰先生、顾家股份董事长顾江生先生、红星美凯龙家居集团总裁谢坚先生、广发基金管理有限公司总经理林传辉先生、宁波银行上海分行行长徐雪松、无限极股份有限公司行政总裁俞江林先生、上汽大众副总经理许青桥女士、中国太平洋保险集团副总裁赵永刚先生、周黑鸭董事长周富裕先生及总裁张宇晨先生、安踏集团执行董事郑捷先生、腾讯学院院长马永武先生、华为大学执行校长陈海燕女士，他们的信任和支持让我的研究更有实践色彩。

感谢诺和诺德中国首席人才官王淑红女士、强生中国制药与研发业务人力资源负责人周立平女士、中国建设银行建行大学执行副校长郭元析先生、万华集团高级人力资源总监赵继德先生、一汽集团培训处处长王海阳先生、五矿集团党组组织部部长赵智先生、霍尼韦尔中国人力资源总监沈雁女士、小米集团组织部副部长金玲女士、蒙牛集团人力资源副总裁张朝旭先生、广发证券人力资源总经理刘正周博士，他们站在企业战略的高度对人才管理的创新实践，对本书的方法和工具的提炼贡献甚多。

感谢秉承"专业主义"价值观与"赋能于人"使命的凯洛格和一点科技的同事们，他们以专业的力量和技术的力量推动着中国企业人才管理的体系化与智能化。感谢机械工业出版社的编辑老师，他们的付出让本书更加流畅。

中国企业在全球的崛起是一个长期挑战，中国企业的人才战略更是管理界的长期课题。为此，凯洛格提出了"战略引领、人

致　谢

才驱动"的中国转型升级纲领。以本书问世为契机，我们号召和期待更多CEO和CHO们加入这一伟大的历史进程。

丘吉尔讲道："不要浪费一场好危机。"本书是这场新冠疫情危机下的作品，静默在家，放下忙碌，潜心码字，也是一场修行。感谢爸妈、太太和两个可爱的孩子，他们全力为我写书提供后勤保障。思路断档或码字疲倦之时，Emma和Suri的调皮可爱总能让我心情放松，为我带来灵感，感恩爱和家！

王成

于北京和松山湖

KeyLogic
凯洛格

战略引领
人才驱动

定战略、调组织、盘人才
助力客户保持战略领先和人才领先

- "人才战略"公开课 — 业务领导人如何排兵布阵,赢在终局

- "战略罗盘"公开课 — 跨越产业转型期,赢在战略转折点

- "人才战略"及"战略罗盘"为凯洛格咨询集团的自主版权课程,由公司创始人王成先生亲自研发并授课。平安、华为、小米、蒙牛、中信集团、顾家、周黑鸭、东风汽车等企业10万多位高管共同选择!

凯洛格咨询集团是中国领先的综合咨询机构,旗下拥有华成战略、凯洛格领导力发展、一点AI学习云平台,其使命是"赋能于人",为3000多家全球领先企业提供深度专业服务,出版15本专业著作。

凯洛格赋能商学院